로컬을
기획하라

KB193149

로컬을 기획하라

지역을 살리는
기적 같은 변화의시작

노동형 지음

어느 날, 여행을 떠난 적이 있다. 인적이 드문 작은 마을의 오래된 카페에서 나무냄새를 맡으며 커피를 마셨고, 골목길을 따라 걷다가 손수 만든 공예품을 파는 작은 가게를 발견했다. 노부부가 운영하는 가게에서 오래된 이야기를 들으며 그 지역이 품고 있는 시간을 느낄 수 있었다. 그리고 문득 생각했다. '이 작은 공간이 이렇게 따뜻하고 정겨운 이유는 무엇일까?'

그 이유는 간단했다. 많은 사람들이 이곳을 사랑했고, 이곳을 지키고자 했기 때문이다.

그날, 지역을 살리는 힘은 결국 '사람'에게 있다는 사실을 깨달았다. 지역의 공간이 살아나고, 사람들이 모이고, 이야기가 피어나는 모든 과정의 중심에는 언제나 사람의 손길이 닿아 있다.

하지만 안타깝게도 인구 감소로 인한 지역소멸의 흐름에 떠밀려 많은 곳들이 사라져 가고 있다. 한때 활기가 넘쳤던 상권이 쇠락하고, 젊

은이들이 떠났다. 시간이 멈춘 것 같은 거리에는 빈 가게들만 을씨년
스럽다. 반면 어떤 지역은 새롭게 재탄생한다. 오래된 건물이 멋진 문
화공간으로 새롭게 태어나고, 지역 특산물을 활용한 브랜드가 생겨나
며, 사람들이 즐겨 찾는 새로운 명소가 되기도 한다.

과연 차이는 무엇일까?

그 해답은 '로컬 기획'에 있다.

로컬 기획이란 단순히 지역을 홍보하거나 공간을 개조하는 일이 아
니다. 지역이 가진 본연의 매력을 발견하고, 그 가치를 재해석하여 새
로운 흐름을 만들어 내는 것이다. 이는 마치 씨앗을 심고 가꾸어 꽃을
피우는 일과 같다. 로컬 기획자는 마치 정원사처럼 지역의 가능성을
발견하고 키워나가는 역할을 한다.

이 책은 바로 그 '로컬 기획'을 고민하는 사람들을 위한 안내서이다.
지역을 되살릴 콘텐츠 기획을 하고자 하는 사람, 로컬 비즈니스에 도
전하고 싶은 사람, 그리고 지역을 더 깊이 이해함으로써 가능성을 찾
아내 변화를 이끌어내고 싶은 모든 이들을 위한 책이다.

인구소멸의 시대, 지역을 살리는 길은 로컬 기획이다. 정부와 지자체
의 정책을 바탕으로 지역마다 가지고 있는 차별화된 매력 콘텐츠를 발
굴하고 이를 지역 주민이 주체적으로 기획하고 실행할 수 있도록 현장
조사, 분석, 아이템의 선정, 트렌디한 아이디어 만들기와 스토리텔링
등 체계적인 로컬 기획이 필요하다.

이 책은 로컬 문화의 중요성과 가치를 이해하는 것부터 시작해서 로
컬 아이덴티티를 강화하는 방법, 지역사회와 의 협력을 통해 추진력을

얻기 위한 전략, 그리고 지속가능한 지역 비즈니스를 기획하는 원칙 등등에 대해 체계적으로 다룬다.

로컬 기획은 단순히 지역을 변화시키는 것이 아니라 '사람들의 삶'을 바꾸는 과정이다. 바로 이런 점에서 지역을 단순한 '공간'이 아니라 '사람들이 살아가는 곳'으로 바라보아야 한다. 그리고 그 속에서 '진짜 가치있는 매력적인 콘텐츠'를 발견할 때, 비로소 지역은 다시 살아날 것이다. 이 책이 지역을 바라보는 새로운 시선을 제공하고, 작은 변화의 시작점이 되기를 바란다.

PART 1

로컬문화의 가치와 전략적 접근

로컬문화의 중요성과 가치

로컬문화는 지역사회에서 발전하고 전해져 내려온 고유한 문화적 특성을 말한다. 그 가치는 지역 주민들에게 정체성과 소속감을 부여하는 데 매우 중요한 작용을 하며 고유한 언어, 음식, 예술, 전통, 신화 등으로 구성되어 있고, 지역사회의 역사와 환경, 지리 등에 근거한 독특한 측면을 반영한다.

먼저, 로컬문화의 중요성을 이해하기 위해 국내 사례를 살펴보자.

우리나라는 지역마다 독특한 문화와 전통이 존재하며, 각 지역은 그에 따른 특색 있는 로컬문화를 보유하고 있다. 경주의 신라문화, 전주의 한옥과 음식, 제주의 특이한 풍경과 문화 등이 그 대표적인 예이다. 이러한 로컬문화는 지역 주민들에게 자부심을 심어줌과 동시에 방문객들에게는 지역만의 독특한 경험을 제공하여 지역경제를 활성화시키고 있다.

해외에서도 로컬문화는 중요한 역할을 하고 있다. 유럽의 다양한 국가들은 각 나라마다의 독특한 언어, 음식, 예술을 보유하고 있다. 그리고 그 로컬문화는 그 나라를 대표하는 중요한 요소 중 하나가 된다. 그래서 각국은 로컬문화를 유지 발전시킴으로써 관광객들에게 매력을 전달하고 지역의 활기를 유지하며 경제적 발전을 이룩하고자 노력하고 있다. 예를 들어, 이탈리아의 토스카나 지역은 특유의 와인과 농촌 풍경으로 유명하며, 이 지역만의 로컬문화를 통해 지속적인 관광 수요를 이끌어내고 있는 것처럼 말이다.

로컬문화의 가치는 다양성과 창의성에서 비롯된다. 지역사회의 특색 있는 문화는 세계를 더 풍요롭고 다양하게 만들어주며, 각 지역이 지니고 있는 고유한 존재 이유를 제공한다. 로컬문화를 보존하고 발전시키는 것은 지역경제의 지속 가능성뿐만 아니라 인류 전체의 문화적 역사에 기여하는 것이다.

하지만 급격한 세계화 그리고 수도권 집중의 영향으로 로컬문화는 퇴보하거나 사라질 위험에 처해 있다. 따라서 로컬문화의 가치를 이해하고 보존하기 위해 국내외적으로 노력하는 것이 중요하다. 지역 주민들의 참여, 문화유산 보호, 지역예술과 공예품 지원 등이 그러한 노력에 속하며, 이를 통해 로컬문화의 중요성과 가치를 계속해서 강조할 필요가 있다.

요약하자면, 로컬문화는 지역사회의 정체성과 다양성을 나타내는 중요한 요소로, 국내외에서 그 가치를 인정받고 보존하는 노력이 필요하다. 이는 지역 주민들에게 자부심과 소속감을 제공할 뿐만 아니라 외부와의 교류를 통해 세계를 더 풍요롭게 만들어 나가는 데 기여하기 때문이다.

지역축제를 통한 지방소멸 극복 사례

2025년 '화천산천어축제'는 긴 설 연휴가 겹치면서 186만 명(외국인

12만 명)이 넘는 관광객들이 방문했다. 이 축제는 20회째를 맞으면서 지난해 기록한 150만 명을 넘어 최고 기록을 세우며 글로벌 축제로 자리매김을 했다.

화천군은 인구가 23,190명(2023년 6월 기준)으로 강원도의 최전방에 있는 작은 도시이다. 타 지역과 비교해 인프라도 부족하고 기차역도 없어 교통접근성이 매우 낮다. 특히 축제가 열리는 1월은 혹독한 추위로 야외 활동이 어렵다. 이러한 지리적, 기후환경적 한계에도 불구하고 직간접 경제효과는 물론 화천군의 브랜드 가치를 올리며 우리나라의 대표적인 지역축제로 자리매김을 했다. 올해는 미국 〈뉴욕타임스〉에서도 축제를 소개하며 국제적 인지도를 높였다.

2025 화천산천어축제 (출처: 화천군)

'화천산천어축제'의 성공 요인은 다양한 측면이 있지만 차별화된 콘텐츠, 적극적인 주민참여, 지자체의 관심과 지원이 주된 요인이라고 할 수 있다. 산천어가 서식하고 있지는 않지만 화천군이 가진 청정한 이미지와 잘 연결하고 매년 차별화된 콘텐츠로 관광객의 오감을 만족시킨 것이 성공 포인트일 것이다.

우리나라에서는 2023년 기준 1,100개 이상의 지역 축제가 개최되고, 이를 위해 9,000억 원 정도의 예산이 사용되고 있다. 봄과 가을에는 너무 많은 축제로 인해 경쟁이 치열해지고 비슷비슷한 행사 프로그램으로 실패하는 경우도 많다

'화천산천어축제'처럼 지역을 살리기 위해서는 차별화된 콘텐츠, 지역 주민 중심의 운영, 지자체 및 정부의 적극적인 관심과 지원이 함께 이루어져야 한다.

로컬문화 분석과 이해

　로컬문화를 분석하고 이해하는 과정은 복잡하면서도 다양한 방법을 활용해야 하고, 이를 위해서는 지역의 역사, 전통, 언어, 예술, 음식, 삶의 양식 등을 종합적으로 고려해야 한다.

　다음은 로컬문화를 이해하기 위한 몇 가지 효과적인 방법이다.

1. 지역 방문 및 현지 체험

　로컬문화를 분석하고 이해하기 위해서는 지역을 직접 체험하고 경험하는 것이 중요하다. 전주한옥마을은 전통적인 한옥 건축물과 전주의 전통 음식, 공예 등이 보존되어 있는 곳으로, 방문자들은 전통적인 한국 문화를 체험하며 로컬문화를 느낄 수 있다.

2. 지역 역사 및 사회 구조 분석

　로컬문화는 지역의 역사와 사회 구조에 깊은 뿌리를 두고 있다. 예를 들어 프랑스 노르망디 지방의 작은 섬 도시인 몽생미셸은 프랑스의 역사와 종교의 중심지로, 중세시대의 건축물과 문화유산이 잘 보존되어 있어 지역의 역사와 문화를 이해할 수 있다.

3. 언어와 표현 분석

언어는 로컬문화를 이해하는 핵심 도구 중 하나로 인도는 다양한 언어와 문화가 공존하는 곳으로서 각 지역마다 고유한 언어를 통해 로컬문화의 고유성을 이어가고 있다. 우리는 이와 같은 다양한 언어를 이해하고 표현을 분석함으로써 지역의 다양성을 이해할 수 있다.

4. 지역예술 및 공예품 연구

로컬문화는 예술과 공예를 통해 시각적으로 표현된다. 기모노(着物, きもの)는 일본 전통의상으로 각 지역마다 특색 있는 디자인과 색상이 있다. 또한 고베의 도예 예술은 지역 토착 예술을 통해 로컬문화를 보여준다.

5. 지역 주민과의 상호 작용

로컬문화를 심층적으로 이해하기 위해서는 지역 주민과의 상호작용이 필수적이다. 사례로서 뉴질랜드의 마오리문화는 마오리 지역 주민들과의 상호작용을 통해 전해지고 있으며, 이를 통해 고유한 문화의 깊이를 이해할 수 있다.

이러한 다양한 방법을 통해 로컬문화를 분석하고 이해하는 것은 그 지역의 정체성을 파악하고 존중하는 데 도움이 된다. 이를 통해 문화적 다양성을 존중하고 보존하여 지속 가능한 발전을 도모하는 데 기여할 수 있다.

지역사회와 문화의 특징

지역사회와 문화의 특징은 지리적, 역사적, 사회적인 측면에서 다양하게 나타난다. 각 지역은 고유한 특징을 가지며, 이는 지역 주민들의 삶의 방식, 관습, 예술, 언어, 음식 등에서 볼 수 있다. 다음은 국내외 각 지역사회의 문화적 특징 요소에 대해 사례를 통해 살펴보겠다.

1. 지리적 특징

아마존강 숲 지역은 지구상에서 가장 넓은 강 숲 지역 중 하나로, 고유한 지리적 특징을 가지고 있다. 이 지역의 지리는 다양한 동식물과 식물의 풍부함을 지원하며, 지역 주민들은 지역적 환경에 적응하여 특유의 생활양식과 문화를 형성하고 있다.

2. 역사적 특징

피렌체는 이탈리아의 중심지로서 중세 시대부터 시작된 역사적인 발전과 예술의 중심지다. 르네상스의 중심으로 불리며 도시의 건축물, 미술작품, 문화유산 등은 오랜 역사를 거치며 형성되어 왔다. 이러한 역사적인 특징은 피렌체의 독특한 문화를 형성하는 데 영향을 미쳤다.

3. 사회적 특징

우리나라의 산골 마을은 사회적으로 고립된 지역으로, 주민들 간의 유대감과 협동정신이 필요하다. 그래서 이러한 지역사회의 특징은 고유한 문화와 전통을 유지하면서도 지역사회 구성원들 간의 교류와 상호 작용이 두드러지게 나타나게 되었다.

4. 문화적 특징

교토는 일본의 전통과 문화가 가장 깊이 뿌리 내린 도시 중 하나이다. 전통적인 건축물, 차 문화, 예술 등이 교토의 일상에 녹아들어 있으며, 이는 지역의 독특한 문화적 특징으로 나타난다.

5. 경제적 특징

싱가포르는 다양한 인종과 문화가 공존하는 도시국가로, 다문화 사회의 경제적 특징이 돋보인다. 이 지역은 다양한 문화적 영향을 받아 다양한 음식과 언어, 예술이 공존하며, 이는 지역의 독특한 경제적 특성으로 이어진다.

이처럼 지역사회 문화의 특징은 그 지역의 고유한 역사, 지리, 사회 구조, 문화유산 등으로부터 파생되며, 이를 이해함으로써 지역의 다양성을 존중하게 되고 발전시킬 수 있다. 다양성을 존중하고 포용하는 태도는 지역사회의 지속 가능성과 발전에 도움이 되며, 글로벌 사회에서도 중요한 원칙으로 받아들여지고 있다.

역사와 전통의 역할

역사와 전통은 어떤 지역 또는 문화체계의 핵심을 이루는 요소로서, 과거의 경험과 현대로 이어지는 유산을 통해 지역사회의 정체성과 가치를 형성한다. 이들은 문화를 유지하고 발전시키는 열쇠 역할을 하며, 지역사회에 안정감과 지속적인 개발의 방향을 제시한다.

1. 역사의 역할

한국의 고려시대 공예품은 역사와 예술의 중요한 부분을 형성했다. 고려시대의 청자, 도자기, 불화 등은 아름다운 예술성과 더불어 역사적인 유산으로 기록되어, 현대 한국의 예술과 문화에 영향을 미치고 있다.

로마제국의 역사는 서양문화의 중심 역할을 하며 깊이 뿌리를 내렸다. 로마의 법체계, 건축물, 예술 등은 오늘날까지 영향을 미치고 있으며, 역사적인 유산은 이탈리아의 정체성과 글로벌 역사에 큰 영향을 끼쳤다.

2. 전통의 역할

춘절(春節, 음력 1월 1일 설날에 해당)은 오랜 전통을 가지고 내려온 중국의 명절로, 가족의 단결과 풍성한 행복을 상징한다. 이 축제는 중국인들의 삶에 깊이 뿌리내려 전통적인 가치와 문화를 이어가고 있으며, 중국 사회에 안정감과 융합의 힘을 주고 있다.

그리고 일본의 차茶 문화는 역사적으로 뿌리내린 전통의 표현으로, 차를 통한 예절과 예술이 깊게 엮여 있다. 차 문화는 일본인들의 삶에서 뿐만 아니라 국제사회에서도 평화와 조화를 상징하는 중요한 전통으로 인식되고 있다.

3. 역사와 전통의 지속성

이집트의 피라미드는 약 4500년 전에 건설된 고대문명의 유산으로, 역사의 지속성을 대표하는 상징적인 건축물이다. 이 피라미드는 과거의 역사를 현대에 전하며, 이집트 문화의 기원과 전통을 보존하고 있다.

한편으로 미국의 음악 장르 중 하나인 '블루스Blues'는 아프리카계 미국인의 역사와 전통에서 비롯된 것으로 노예제 시대와 인권운동 등의 역사적 사건을 반영하며, 미국 문화의 핵심을 이루고 있다.

이처럼 역사와 전통은 지역사회의 연속성과 안정성을 제공하면서 현대로 이어지고 미래로 이어가기 위한 기반이 된다. 또한 이를 통해 과거의 경험을 존중하고 이를 통해 더 나은 미래를 구상할 수 있다. 또한 이러한 유산은 지역사회의 독특한 정체성과 문화적 풍요를 보전하는 데 중요한 역할을 한다.

로컬문화 활성화와 사업기획의 기본 원칙

로컬문화 활성화를 위한 사업기획은 해당 지역의 독특한 특성과 가치를 존중하며, 지속 가능하고 지역 주민을 비롯한 관계자들의 참여를 이끌어내는 방식으로 진행되어야 한다. 즉 다양한 주체들 간의 협력, 참여, 지속 가능성을 고려한 기본 원칙을 설정하는 것이 중요하다.

그리고 이를 위해서는 다양한 이해관계자와의 협력, 문화유산 보존, 창의적인 이벤트와 프로그램의 개발 등이 필요하다.

이제 로컬사업기획의 기본 원칙과 국내외 사례를 통해 로컬문화 활성화를 위한 사업기획의 기본에 대해 살펴보겠다.

지역 특성과 가치의 파악

로컬문화 활성화를 위한 사업기획의 출발은 해당 지역의 역사, 전통, 특색, 자원 등을 철저히 파악하는 것이다. 지역 주민들과의 소통과 현지 방문을 통해 지역 특성에 대한 심층적인 이해를 얻고, 그 지역이 가진 독특한 가치를 발굴해야 한다.

국내 사례로는 '전주 한옥마을 프로젝트'를 들 수 있다. 전주 한옥마을은 지역의 전통적인 한옥 건축물과 전통음식, 공예품 등을 보존하고 활용하는 사업으로, 지역의 특성을 최대한 살리고 있다. 한옥의 보존과 활용을 통해 지역 주민과 방문객들에게 독특한 경험을 제공하며 지역경제에도 기여하고 있다.

해외 사례로는 뉴질랜드만의 마오리 문화를 소개하고 보존하는 문화센터들이 있다. 이들은 마오리 전통 미술, 음악, 춤, 언어 등을 전시하고 교육하는 공간으로, 지역문화를 활성화하고 이를 국제적으로 알리는 데 기여하고 있다.

이해관계자의 참여와 협력

로컬문화 활성화는 지역 주민, 비영리단체, 기업, 정부기관 등 다양한 이해관계자들과의 협력이 필수적이다. 그들의 참여와 의견 수렴을 통해 지속 가능하고 다양한 관점을 반영한 사업기획이 가능해진다. 따라서 이해관계자들과의 협력 원칙과 프로세스를 명확히 정의하고 이해관계자의 다양성을 존중해야 한다.

로컬문화를 활성화하기 위해서는 지역 주민들과 외부인들의 인식을 높이는 것이 중요하다. 교육 프로그램, 워크숍, 전시회 등을 통해 로컬문화의 가치를 전파하고, 지역사회의 참여와 관심을 유도해야 한다.

해외 사례로 덴마크의 공공 민간협력 사업을 들 수 있다. 덴마크에서는 지자체와 민간단체 간의 협력을 통한 프로젝트가 활발히 이루어지고 있다. 도시재생 프로젝트나 문화 이벤트에서 지자체, 기업, 예술가, 지역 주민이 서로 협력하여 다양한 아이디어와 자원을 결합함으로써 문화 활성화에 기여하고 있다.

지속 가능성 고려

로컬문화 활성화 사업은 장기적으로 지속 가능한 방식으로 구축되어야 한다. 자원의 효율적인 활용, 환경친화적인 프로그램 개발, 지속적인 수익 모델(관광, 상거래, 예술품 판매 등을 통한 수익 모델 개발) 등을 고려하여 지역 경제에 기여하는 방안을 탐색함으로써 사업이 지속 가능하게 이어질 수 있도록 계획해야 한다.

국내 사례로 제주 해녀문화 체험마을이 있다. 해녀문화 체험마을은 지속 가능성을 고려한 사업으로, 지역 전통문화를 체험할 수 있는 프로그램을 제공하면서 지속 가능한 관리 체계를 구축하고 있다. 특히 지역 주민들과의 상생 모델을 통해 지속적인 발전을 이루고 있다.

해외 사례로 호주의 지속 가능한 예술 프로젝트를 들 수 있다. 호주에서는 지속 가능성과 환경친화적인 예술 프로젝트가 활발히 이루어지고 있으며, 재생 가능한 자원 활용, 친환경 이벤트 개최, 예술 작품 제작에 재활용 자원을 활용하는 등 지속 가능성을 강조하고 있다.

문화유산 보존과 현대적 접목

로컬문화는 보존의 중요성과 동시에 현대적인 관점에서 접근해야 한다. 전통과 현대를 연결하는 방식으로 문화유산을 새롭게 해석하고, 현대적인 예술, 기술, 디자인을 통합하여 새로운 가치를 창출하는 것이 중요하다.

국내 사례로 경주 엑스포 문화센터가 있다. 엑스포에서 사용된 설치물과 경주의 전통문화를 융합한 프로그램을 제공하며, 전통과 현대를 연결하는 방식으로 문화유산을 보존하면서 활용하고 있다.

해외 사례로는 프랑스의 루브르 박물관 확장 프로젝트가 있다. 루브르 박물관은 예술의 전통과 현대를 결합한 확장 프로젝트를 진행하여, 역사적 건물을 보존하면서도 현대적이고 효율적인 전시 공간을 제공하고 있다.

창의적인 이벤트와 프로그램 개발

로컬문화 활성화를 위한 이벤트와 프로그램은 창의적이고 다양한 형태로 설계되어야 한다. 지역의 특색을 살린 축제, 예술 행사, 지역 공예품 전시 등이 포함될 수 있다. 참여성을 높이고 다양한 연령층이 참여할 수 있는 프로그램을 개발하여 지역사회의 활기를 불어넣어야 한다. 특히 지역 아티스트와 협력하여 공연, 전시, 축제 등을 개최하고, 지역의 창의성과 예술적 역량을 지속적으로 발전시켜야 한다. 그리고 디지털 기술을 활용하여 로컬문화를 널리 알리고 홍보하는 것이 중요하다. 소셜 미디어, 온라인 플랫폼을 활용하여 지역의 문화 콘텐츠를 공유하고, 디지털 플랫폼을 통해 예술과 문화에 대한 접근성을 확대해야 한다.

국내 사례로 서울의 도시재생 프로젝트가 있다. 서울은 도시재생을 통한 로컬문화 활성화를 위한 다양한 이벤트와 프로그램을 개발하고 있다. 서울 내 각 지열별 특색에 맞춰 예술 축제, 거리 공연, 예술 마켓 등을 통해 다양한 층의 관객들이 참여하고 지역경제에 활력을 불어넣고 있다.

해외 사례로 미국의 도시 예술 프로젝트를 들 수 있다. 미국에서는 도시 예술 프로젝트를 통해 도시 환경을 예술적으로 재해석하고 활성화시키기 위해 노력하고 있다. 각 지역의 특성을 살린 거리 예술, 공공 예술 설치물, 도시 공간을 활용한 창작 프로젝트 등을 통해 지역사회에 창의적인 자극을 주고 지역경제 활성화에 기여하고 있다.

디지털과 AI를 연결해 로컬 기획을 성공시킨 사례 : 펭귄 내비와 보이스 오브 아트

디지털과 AI를 연결하여 로컬 기획을 성공시킨 두 가지 사례가 있다.

첫 번째 사례는 일본 도쿄 이케부쿠로에 있는 선샤인 아쿠아리움의 '펭귄 내비'이다. 이 아쿠아리움(aquarium 수족관)은 지하철역에서 1킬로미터나 떨어져 있고, 찾아가는 길이 복잡해 관람객들이 찾는 데 어려움이 많았다. 이러한 문제를 해결하기 위해 아쿠아리움은 스마트한 AI 기술을 연결해 '펭귄 내비PENGUIN NAVI' 앱APP을 만들었다. 누구나 가지고 있는 스마트폰에 '펭귄 내비' 앱을 실행시키면 귀여운 펭귄들이 아쿠리움으로 길안내를 하는 것이다. 이 내비게이션은 사람이 본능적으로 동물을 쫓아다니는 것을 좋아한다는 점에 착안해 아쿠아리움을 대표하는 펭귄을 캐릭터로 만들고, AI로 움직임을 증강현실(VR, Virtual Reality)과 연결하여 만든 것으로 그 결과 선샤인 아쿠아리움의 관람객은 152%나 늘어났다. 이 사례에 착안해 지역별 캐릭터를 활용함으로써 관광지를 찾게 유도하는 앱을 만들어 보는 것도 검토해 보면 좋을 것이다.

펭귄 내비와 피나코테카 미술관의 보이스 오브 아트 (출처 : 구글)

두 번째 사례는 브라질 상파울로 피나코테카 미술관(Pinacoteca do Estado de São Paulo)이다. 이전에는 브라질 국민들의 72%가 박물관을 한 번도 방문하지 않았다. 박물관이 어디에 있는지도 모르고, 가더라도 흥미를 가질 만한 게 없었기 때문이다. 어렵고 지루한 설명은 사람들의 호기심을 유도하기에는 높은 장벽이었다.

이에 피나코테카 박물관에서는 '어떻게 하면 방문객들이 재미있고 친숙하게 관람할 수 있을까?'를 고민하게 되었다. 그리고 그 결과로 박물관은 IBM사와 함께 인공지능(AI) 프로그램인 왓슨(Watson)을 이용한 대화형 앱 '보이스 오브 아트(The Voice of Art)'를 도입하게 되었다. 도서, 신문, 인터넷 등의 미술 작품에 대한 빅 데이터를 분석해 작품에 대한 역사적인 사실, 활용된 기법 등에 대한 질문에 응답하도록 앱을 만든 것이다.

왓슨은 이전과 같은 일방적으로 정보를 전달하는 오디오 가이드가 아니라 방문자의 질문을 알아듣고 그에 맞는 대답을 해 준다. 즉 궁금한 점만 골라 질문하면, 인공지능 왓슨이 재미있게 맞춤형 대답을 해 주는 것이다. 이를 통해 미술관의 방문객은 200%가 늘었다. 인공지능과 빅 데이터를 박물관과 연결하여 멋진 결과를 얻어낸 것이다.

사회적 가치 창출

로컬문화 활성화는 단순한 경제적 이익 추구가 아니라 지역사회에서의 사회적 가치를 창출해야 한다. 지역 주민들의 일자리 창출, 교육기회 제공, 지역 커뮤니티의 활성화 등이 사회적 가치에서 중요한 부분이다.

해외 사례로 캐나다의 예술가를 기반으로 하는 커뮤니티 프로젝트가 있다. 캐나다의 몇몇 지역에서는 예술가들이 중심이 되어 지역사회와 협력하여 다양한 프로젝트를 진행함으로써 이를 통해 예술적 창작뿐만 아니라 사회적인 연대와 변화를 이끌어내고 있다.

평가 및 개선의 체계 구축

로컬문화 사업의 활성화를 위해서는 진행 상황과 성과를 지속적으로 평가하고, 필요한 경우에는 보완 및 개선 조치를 적용하는 체계를 사전에 구축해야 한다. 그리고 피드백을 수용하며 유연하게 대처함으로써 사업의 효과를 극대화할 수 있다.

이러한 원칙을 기반으로 로컬문화 활성화를 위한 사업을 기획하면, 지역사회의 아이덴티티를 강화하고, 문화적 가치를 지속적으로 유지하며 발전시킬 수 있게 된다.

로컬문화 활성화를 위한 사업기획은 이러한 다양한 원칙들을 종합적으로 고려하여, 주민들의 참여를 이끌어내고 지속 가능한 방식으로 진행되어야 한다. 지역사회의 특성을 존중하고 이를 기반으로 한 창의적이고 지속 가능한 발전이 가능한 프로젝트가 지역의 문화를 활기차게 만들고 발전시킬 수 있는 것이다.

PART 2

로컬문화의
특성 및 사업기획

로컬문화의 특징과 다양성

로컬문화는 특정 지역이나 공동체에서 형성되고 전승되는 독특한 특징과 가치를 나타내는 중요한 측면을 가지고 있다. 이는 지역의 역사, 언어, 예술, 음식, 전통 등을 포함하며, 이러한 다양성은 지역 주민들의 정체성과 고유성을 형성하는 핵심적인 요소로 작용한다.

로컬문화의 특징은 해당 지역의 역사와 전통, 그리고 자연환경과 사회 구성원들의 삶의 방식 등이 반영된다. 그 지역만의 고유한 특징들은 그 지역을 다른 곳과 차별화 되도록 만들어 준다. 예를 들어, 한옥마을은 전통적인 건축물과 전통음식, 공예 등이 보존되어 있어 한국 전통문화의 중심지로서 독특한 로컬문화를 보여준다.

로컬문화의 다양성은 지역사회 내에서 다양한 문화 요소들이 공존함을 의미한다. 다양성은 지역의 다양한 문화, 민족, 언어, 종교 등을 포함하며, 이러한 문화의 다양성은 지역사회의 개성을 풍부하게 만들어 주고, 각 개인과 공동체의 아이덴티티를 형성하는 데 큰 역할을 한다. 로컬문화의 다양성이 지역사회에 풍요로움을 더하고 문화적 교류를 촉진하는 핵심 요소가 되는 것이다.

따라서 로컬 기획자는 로컬문화를 활성화시킴으로써 지역의 발전을 도모해야 한다. 다음은 로컬문화 활성화의 필요성이다.

1. 지역경제 활성화

로컬문화 활성화는 지역경제에 긍정적인 영향을 미친다. 지역의 고유한 문화자원을 활용하여 문화관광산업을 육성하고, 지역 상품과 예술 작품을 소개함으로써 지역 소비를 촉진시킬 수 있다.

이탈리아 피렌체는 중세시대부터 시작된 오랜 역사와 문화 그리고 예술의 중심지로 도시 전체가 문화유산으로 가득한 박물관과도 같다. 피렌체는 자신들이 가지고 있는 이런 역사와 문화를 앞세워 많은 관광객을 유치함으로써 지역경제를 활성화시키고 있다.

2. 지역사회 활력 제고

로컬문화 활성화는 지역사회의 활력을 높인다. 로컬예술, 문화 이벤트, 축제 등을 통해 지역 주민들이 함께 참여하고 소통할 수 있는 기회를 제공한다. 로컬예술과 문화를 활용하여 지역사회를 활력 있게 만드는 로컬문화 프로젝트를 통해 지역 주민들은 예술과 문화 행사에 참여하며 지역사회의 활동성을 증진시킬 수 있다.

3. 문화적 다양성 증진

로컬문화의 활성화는 문화적 다양성을 증진시키는 중요한 방법이다. 로컬문화의 다양성은 다양한 문화적 배경을 가진 사람들 간의 상호 이해와 존중을 촉진하며, 지역사회에 풍요로움을 더한다. 사례로서 경기도 안

산은 다문화가 공존하는 지역으로 로컬문화의 다양성을 통해 지역사회에 문화적인 풍요로움을 제공하고 있다.

4. 지역 아이덴티티 강화

로컬문화의 활성화는 지역 아이덴티티를 강화한다. 지역의 특색 있는 문화자원과 특성을 부각시켜 지역 주민들의 자긍심을 고취시킨다. 뉴욕 브루클린은 다양한 이민자들이 모여 독특한 문화를 형성한 문화예술지구로서 로컬 아티스트와 예술기관이 협력하여 지역예술 커뮤니티를 형성하고, 지역 아이덴티티를 강화하였다.

이처럼 다양하고 지역 고유의 특성을 가지고 있는 로컬문화를 통해 지역만의 아이덴티티를 형성하고 이를 통해 경제적 성장과 활력을 불어넣을 수 있다. 즉 지역 주민들과 외부 이해관계자들이 함께 협력하여 로컬문화를 보존하고 발전시키고자 하는 노력이 지역의 지속 가능한 번영과 문화적 다양성을 증진시키는 데 매우 중요한 역할을 한다.

지역사회와의 협력과 커뮤니티 역할

지역사회와의 협력은 사회적 상호작용과 지속 가능한 발전을 위해 매우 중요한 토대를 제공한다. 지역 커뮤니티의 역할은 이러한 협력을 통해 강화되며, 지역 주민들과 이해관계자들이 함께 노력하여 더 나은 삶의 질과 지역사회의 번영에 기여한다.

지역사회와의 협력

1. 공공 부문과 민간 부문 협력

지역사회 발전을 위해서는 공공 부문과 민간 부문의 협력이 필수적이다. 지자체정부, 비영리단체, 기업, 지역 주민 등 다양한 이해관계자들이 함께 지역 커뮤니티의 발전에 기여할 수 있다.

'도민참여예산 프로젝트'를 통해 지역 주민들이 직접 정책에 참여하고 의견을 제시하는 사례가 있다. 도민참여예산 프로젝트는 지역 주민들이 지자체 예산의 사용 방향을 결정하는 사례로서 공공 부문과 민간 부문의 협력을 보여준다. 지역 주민들이 직접 의견을 제시하고 투표를 통해 예산의 일부를 할당하는 방식으로 이루어지는 프로젝트로서 이는 지역사회의 다양한 의견을 반영하며 협력적인 방식으로 지역 발전에 기여하고 지역의 다양한 요구를 반영할 수 있도록 도움을 준다.

2. 지역 기업과의 협력

지역 기업은 지역사회의 일부로서 지역 발전에 중요한 역할을 할 수 있다. 기업이 지역 커뮤니티와 협력하여 지속 가능한 사업 활동을 추구하면서 동시에 지역사회의 발전에 기여하는 모델이 필요하다. 기업의 사회적 책임이 강조되고 있는 시대적 흐름에서 다양한 형태로 지역사회 발전에 공헌하고, 서로 발전할 수 있는 방법을 찾아야 한다.

3. 국제적 협력

지역은 국제사회와도 연결되어 있다. 국제적인 협력은 문화교류, 경제발전, 기술전달, 자매결연 등 다양한 측면에서 이루어질 수 있다. 국제 NGO들이 지역 개발 프로젝트를 지원하고, 국제 기업들이 지역에 진출하면서 지역사회는 국제화와 협력을 통해 새로운 기회를 창출할 수 있다.

지역 커뮤니티의 역할

1. 사회적 연대와 상호 도움

지역 커뮤니티는 각 구성원 간에 사회적 연대를 형성하고 상호 도움의 정신을 나누는 공동체이다. 지역 주민들 간의 신뢰와 협력은 지역 커뮤니티의 건강한 발전을 이끌어내는 중요한 원동력이다. 서로 돕고 협력하는 문화가 더 폭넓게 확산될수록 지역사회는 강해지며 개별 구성원들도 보다 안정적이고 풍요로운 삶을 누릴 수 있다.

2. 지역문화의 보존과 발전

지역 커뮤니티는 자체적인 문화와 전통을 보존하면서 발전시킬 책임이 있다. 전승되는 역사, 그 지역만의 특색 있는 행사 및 축제, 지역적 특산물 등은 지역 주민들과 그 지역을 찾는 방문객들에게 독특한 경험을 제공한다. 이를 통해 지역은 로컬만의 아이덴티티를 유지하면서도 개방적이고 활기찬 발전을 이룰 수 있다.

3. 교육과 문화 활동의 중심지

지역 커뮤니티는 교육과 문화 활동의 중심지로서 역할을 한다. 지역사회센터, 도서관, 예술단체 등이 형성되어 지역 주민들에게 교육 기회를 제공하고 문화적 활동을 촉진한다. 이는 다양한 연령층과 배경을 가진 사람들이 모여 지식을 공유하고 창의성을 발휘할 수 있는 기회를 제공한다.

4. 비상사태 대응과 지역 안전

지역 커뮤니티는 비상사태에 대응하고 지역 안전을 증진시키는 데 있어서도 핵심적인 역할을 한다. 지역 주민들 간의 긴밀한 소통과 협력을 통해 자연재해나 사회적 비상 상황에서 빠르게 대응할 수 있다. 이러한 협력은 더 큰 지역 안전망의 일부로서도 작용할 수 있다.

5. 환경보호와 지속 가능한 발전

지역 커뮤니티는 지역 환경보호와 지속 가능한 발전을 위해 노력해야 한다. 환경 예민성이 높은 지역 커뮤니티는 재생 가능 에너지 이용, 지역 농산물 이용 촉진, 재활용 프로그램 등을 통해 지속 가능성에 기여하고 있다.

지역사회와의 협력과 지역 커뮤니티의 역할은 지역의 지속 가능한 발전과 공동체의 번영을 위해 필수적이다. 상호 협력과 지역 커뮤니티의 참여는 다양한 이해관계자들이 함께 노력하여 지역사회를 더 나은 곳으로 만들 수 있도록 도와줄 것이다.

로컬 아이덴티티의 강화

로컬 아이덴티티Identity의 강화는 특정 지역이나 지역 내 공동체의 독특한 특징과 가치를 부각시키고 보존하는 것을 의미한다. 로컬 아이덴티티의 강화는 지역 주민들에게 정체성을 부여하고 그 지역만이 가지고 있는 독특한 특성을 부여함으로써 지역 발전에 긍정적인 영향을 미칠 수 있다.

다양한 방법을 통해 로컬 아이덴티티를 강화하는 데에는 여러 측면이 고려되어야 한다.

1. 역사와 전통의 보존

로컬 아이덴티티를 강화하는 가장 기본적인 방법은 지역의 역사와 전통을 보존하는 것이다. 역사적인 건축물, 전통예술, 지역 행사 등을 유지하고 활용함으로써 로컬 아이덴티티를 형성할 수 있다.

이를 통해 지역 주민들은 자신들의 뿌리와 과거를 더욱 자각하게 되며 로컬 아이덴티티가 강화된다.

2. 로컬예술과 창의성의 장려

로컬예술과 창의성을 즐기고 발전시키는 것은 로컬 아이덴티티를 강화하는 데 중요하다. 지역 아티스트들의 작품을 전시하고 예술 행사를 개최함으로써 지역문화를 강화하고 로컬 아이덴티티를 부각시킬 수 있다. 지역예술가들과의 협력을 통해 독특하고 다양한 문화 콘텐츠를 창출하는 것이 로컬 아이덴티티를 다양하게 표현하는 데 도움이 된다.

3. 지역 행사 및 축제 개최

지역 행사와 축제는 로컬 아이덴티티를 홍보하고 강화하는 좋은 기회를 제공한다. 지역의 전통적인 축제를 유지하고 새로운 행사를 개최하여 지역 주민들과 외부 방문객들이 함께 참여할 수 있도록 하는 것이 중요하다. 이를 통해 지역 주민들은 자신들의 특별한 문화적 행사를 경험하며 로컬 아이덴티티에 대한 자부심을 키울 수 있다.

4. 지역 브랜딩과 마케팅

로컬 아이덴티티를 강화하기 위해 효과적인 지역 브랜딩과 마케팅 전략이 필요하다. 지역의 독특한 특성과 가치를 강조하는 로고, 슬로건, 상징 색 등을 개발하여 브랜드를 구축하고 홍보하는 것이 중요하며, 이를 통해 로컬 아이덴티티가 브랜딩을 통해 외부에 알려지고 인식되게 된다.

5. 지역경제 지원

로컬 아이덴티티를 강화하려면 지역경제를 지원하는 것이 중요하다. 지역에서 생산되는 제품이나 서비스를 활용하고 지역 기업을 지원하여 지역만의 독특한 특산물을 강조할 수 있다. 이를 통해 지역경제가 활성화되고 로컬 아이덴티티가 지속 가능하게 강화될 수 있다.

6. 지역 주민의 참여 유도

로컬 아이덴티티를 강화하려면 지역 주민들의 참여가 필요하다. 주민들의 의견을 수렴하고 지역사회에 대한 참여를 촉진하는 프로그램을 개최하여 로컬 아이덴티티를 형성하는 과정에 주민들을 적극적으로 참여시키는 것이 중요하다.

7. 지역 교육 및 문화 활동 증진

로컬 아이덴티티를 강화하기 위해서는 지역 교육 및 문화 활동을 증진시켜야 한다.

지역 역사를 다루는 교육 프로그램이나 지역문화를 소개하는 행사를 통해 지역 주민들과 학생들에게 로컬 아이덴티티에 대한 이해와 자부심을 높일 수 있다.

로컬 아이덴티티의 강화는 그 지역의 독특한 가치와 특징을 인식하고 소중히 여기는 것에서부터 출발한다. 위에서 제시한 방법들을 통해 로컬 아이덴티티를 강화하는 데에는 다양한 참여자들의 협력과 노력이 필요하며, 이는 그 지역의 개별성과 지속 가능한 발전에 큰 영향을 미칠 것이다.

한국과 일본은 각자의 독특한 문화와 역사를 가지고 있으며, 로컬 아이덴티티를 강화하기 위한 방법을 보여주는 고유한 사례들이 있다.

한국의 로컬 아이덴티티 강화 사례

1. 한옥마을의 보존과 활용

전통적인 한옥마을을 보존하고 이를 활용해 로컬 아이덴티티를 강화하고자 많은 노력을 기울이고 있다. 경주 보문관광단지 내 한옥마을이나 전주 한옥마을이 대표적이다. 이들 한옥마을에서는 전통 가옥을 활용한 문화체험 프로그램, 전통음식점, 전통공예품 판매 등을 통해 지역 특색을 부각시키고 관광객들에게 지역의 아이덴티티를 전달하고 있다.

2. 지역 축제와 이벤트 개최

지역마다 독자적인 축제와 이벤트를 개최하여 로컬 아이덴티티를 강화하고 있다.

예를 들어, 보령 대천해수욕장에서 개최되는 '보령머드축제'가 있다. 지역 특산물과 문화를 소개하고 지역 주민들과 방문객들이 함께 즐길 수 있는 체험 기회와 다양한 볼거리를 제공하는 대표적인 여름축제로서 글로벌하게 확장되고 있다.

3. 지역 특산물과 브랜드 마케팅

지역 특산물을 강조하고 이를 통한 브랜드 마케팅을 통해 로컬 아이덴티티를 강화한다.

예를 들어, 하동 녹차, 고창 수박, 횡성 한우 등과 같은 지역 특산물들이 해당 지역의 대표적인 상징으로 자리를 잡음으로써 지역 아이덴티티를 형성하고 있다.

일본의 로컬 아이덴티티 강화 사례

1. 와사비 산업과 지역경제 활성화

일본에서는 지역 특산물을 통한 로컬 아이덴티티 강화가 두드러지게 나타난다. 나가노현의 호리노이농협은 지역 특산물인 와사비를 활용하여 와사비 제품 생산 및 판매를 통해 지역경제를 활성화하고 있으며 지역 주민들은 와사비 문화를 보존하고 발전시키며 로컬 아이덴티티를 만들고 있다.

2. 지역 전통예술과 공예의 유지와 발전

일본은 지역 전통예술과 공예를 통해 로컬 아이덴티티를 만든다.

예를 들어, 교토의 기생문화와 관련된 전통예술인 '게이샤' 공연이 있다. 지역 주민들과 예술가들이 협력해 게이샤의 노래와 춤 등 전통적인 공연을 계승하고 발전시키기 위한 노력을 기울이고 있다.

게이샤 공연(출처: 구글)

3. 지역 축제 행사

일본은 지역 주민들과 외부 방문객들을 대상으로 하는 다양한 지역 축제와 행사를 개최하여 로컬 아이덴티티를 홍보하고 있다. 가와구치현의 '가와구치 매쿠리 축제'나 나라현의 '나라 미야지마 기마대회' 등은 지역의 전통을 기리고 홍보하는 데 기여하고 있다.

4. 지역의 역사적인 명소 활용

일본에서는 지역의 역사적인 명소를 활용하여 로컬 아이덴티티를 만든다. 교토의 '기요미즈데라'나 나라의 '가시와라'라는 역사적인 유적지를 관광명소로 활용하면서 지역의 역사와 전통을 보존하고 있다.

한국과 일본의 로컬 아이덴티티 강화 사례를 통해 알 수 있는 것처럼 지역의 특색을 부각시키고 보존하는 노력은 지역의 지속 가능한 발전과 문화적인 다양성을 증진시킬 수 있다.

이러한 노력들은 지역 주민들과 외부 방문객들의 상호 이해를 촉진하고, 각 지역의 독특한 매력을 전 세계에 알리는 데 기여한다.

로컬사업기획의 기본 원칙과 아이디어 개발

로컬사업기획의 기본 원칙과 사업 아이디어 개발을 위한 방법은 지역 특성과 경제적 상황을 고려해 현실적이고 지속 가능한 사업을 창출하는데 중점을 두어야 한다.

아래에서는 로컬사업기획의 핵심 원칙과 사업 아이디어 개발을 위한 방법에 대해 이야기하고자 한다. 이를 참고하여 지역 특성을 살린 로컬사업기획을 하여야 할 것이다.

로컬사업기획의 기본 원칙

1. 지역 특성 파악

해당 지역의 문화, 경제, 사회적 특성 등을 체계적으로 파악한 후 지역 특성을 기반으로 하는 사업을 기획함으로써 지역 주민들과의 조화로운 상호 작용을 가능하게 한다.

2. 수요 및 시장조사

현지 수요와 시장 동향을 정확히 파악하고, 지역 내 외부 경쟁자들을 고려하여 적절한 포지셔닝을 해야 한다.

3. 지역 주민 참여 및 협력

지역 주민들과의 원활한 소통 및 협력이 매우 중요한 포인트다. 지역 주민의 의견을 수렴하고, 참여하는 프로세스를 통해 지속 가능한 비즈니스 모델을 구축할 수 있다.

4. 지속 가능성 고려

로컬사업이 지역사회와 환경에 미치는 영향을 고려, 지속 가능한 경영을 목표로 한다.

환경보호, 사회적 가치 창출 등이 중요한 고려 사항이 될 수 있다.

5. 로컬 자원의 활용

지역의 자연, 문화, 인적 자원을 최대한 활용하여 사업을 발전시키는 것이 중요하다. 이를 통해 지역의 독특한 매력을 강조할 수 있다.

6. 법적, 제도적 이슈 고려

로컬사업을 기획할 때 현지의 법적, 제도적 요소를 고려해 합법적이고 안정적으로 사업을 운영할 수 있는 환경을 마련해야 한다.

로컬사업 아이디어 개발을 위한 방법

1. SWOT 분석

SWOT는 강점(Strength), 약점(Weakness), 기회(Opportunity), 위협(Threat)의 머리글자를 모아 만든 단어다. 경영 전략을 수립하기 위한 분석 도구로서 지역사업의 경쟁 우위와 경영 환경을 정확히 이해하고 강점과 기회요인을 살린 아이디어를 최우선으로 개발한다.

2. 아이디어 브레인 스토밍Brain storming

브레인 스토밍은 집단적 창의적 발상 기법으로 집단에 소속된 인원들이 자발적으로 자연스럽게 제시된 아이디어 목록을 통해서 특정한 문제에 대한 해답을 찾고자 노력하는 것을 말한다. 지역 협력자들과 함께 자유로운 분위기에서 다양한 아이디어를 발휘하고 구체화하는 아이디어 브레인 스토밍을 진행한다.

3. 시장조사 및 트렌드 분석

관련된 지역 시장 및 경쟁, 선진시장 조사를 실시하고, 최신 트렌드를 파악하여 새로운 사업 기회를 찾는다.

4. 경쟁자 분석

경쟁자들의 강점과 약점을 파악하고, 그들과의 차별화된 전략을 세워 경쟁 우위를 확보한다.

5. 고객 인터뷰와 피드백 수렴

가능한 타깃 고객들과의 인터뷰를 통해 실제로 원하는 서비스나 제품, 콘텐츠를 파악하고 그에 따른 피드백을 수렴한다.

6. 프로토타이핑Prototyping과 실험

아이디어를 실제로 테스트할 수 있는 프로토타입Prototype을 만들고, 사용자 피드백을 수용하여 지속적으로 개선하는 실험적인 접근을 채택한다.

　※ 프로토타이핑 : 제품을 개발할 때 사전에 먼저 시범적으로 만들어 보는 제품.

7. 비즈니스 모델 산출

로컬사업의 수익모델, 고객 세분화, 비용 구조 등을 고려하여 전체적인 비즈니스 모델을 수립한다.

8. 지역사회 참여 및 피드백 수렴

지역 주민들과의 소통을 통해 아이디어를 공유하고, 그들의 의견을 수렴하여 지역에 적합한 비즈니스 모델을 만든다.

로컬사업기획과 아이디어 개발은 창의적이고 실용적인 접근을 통해 지역사회와 경제 생태계에 긍정적인 영향을 미칠 수 있다. 지속 가능한 발전과 지역사회의 요구에 부응하는 사업모델을 찾는 것이 매우 중요하며, 이는 로컬 비즈니스의 성공과 지역 발전에 기여할 것이다.

다음은 로컬사업기획의 기본 원칙과 사업 아이디어 개발을 위한 방법을 이해하기 위해 두 가지 사례를 살펴보겠다.

사례 1 : 지역 카페 사업

1. 지역 카페 사업기획의 기본 원칙

- 지역 특성 파악 : 사업을 시작하기 전에 지역의 문화와 성격을 파악한다.
- 수요 및 시장조사 : 지역 주민들의 카페에 대한 수요와 경쟁사 조사와 분석을 통해 사업 방향을 수립한다.
- 지역 주민 참여 및 협력 : 지역 주민들과의 소통을 통해 어떤 서비스나 메뉴가 그들의 취향에 맞는지 파악하고, 지역에서 재료를 공급받는 협력체계를 구축한다.

2. 사업 아이디어 개발을 위한 방법

- SWOT 분석

강점 : 지역 풍경을 활용한 아름다운 카페 공간

약점 : 도시와 비교하여 교통 편의성이 낮음

기회 : 지역의 평화로운 분위기를 강조한 힐링 카페

위협 : 주변 지역에 경쟁사가 없는 경우 부족한 인구 유동성

- 아이디어 브레인 스토밍

지역 특산물을 활용한 특색 있는 음료 및 디저트 아이디어를 도출하고,

지역문화와 힐링을 주제로 한 행사 개최 아이디어를 만들어 낸다.

- 경쟁자 분석

주변 지역의 카페와 비교하여 차별화된 서비스 및 메뉴를 제공하기 위해 경쟁자를 분석한다.

- 고객 인터뷰와 피드백 수렴

지역 주민들과의 인터뷰를 통해 어떤 종류의 음료, 행사가 인기 있는지를 파악하고, 그에 따라 서비스를 구성한다.

사례 2 : 지역 농산물 직거래 플랫폼

1. 지역 카페 사업기획의 기본 원칙

- 지역 특성 파악 : 지역 농산물과 농업 생태계를 파악하여 지역의 특성을 이해한다.
- 수요 및 시장조사 : 소비자들의 지역 농산물에 대한 수요를 조사하고, 다양한 농산물 직거래 플랫폼이 있는지 확인한다.
- 지역 주민 참여 및 협력 : 현지 농가와의 협력을 통해 직거래 플랫폼을 운영하며, 지역 농산물의 질과 안전성을 보장한다.

2. 사업 아이디어 개발을 위한 방법

- SWOT 분석

강점 : 지역 농산물에 대한 소비자들의 지연된 수요

약점 : 기존의 농산물 직거래 플랫폼이 부족한 경우 직접 판매 채널이

부족할 수 있음

기회 : 소비자들의 건강 의식 증가로 지역 농산물에 대한 관심이 높아짐

위협 : 기존 대형 유통사의 높은 경쟁력

• 아이디어 브레인 스토밍

지역 농산물을 활용한 레시피 제공, 온라인 커뮤니티 개설 등의 서비스를 도출하여 소비자들의 참여를 유도한다.

• 경쟁자 분석

기존의 농산물 직거래 플랫폼이나 대형 유통사와의 차별화된 서비스 및 가치 제안을 위해 경쟁자를 분석한다.

• 고객 인터뷰와 피드백 수렴

소비자들과 농가들의 의견을 수렴하여 플랫폼에 반영할 수 있는 서비스와 기능을 찾아낸다.

이처럼 로컬사업기획과 아이디어 개발은 특정 지역의 특성을 고려하고 현지 주민들과의 협력을 통해 성공적으로 수행될 수 있다.

이러한 접근 방식은 사업이 지역에 뿌리를 두고 지속 가능한 성장을 이루도록 지원하며 로컬 비즈니스의 성공에 결정적인 역할을 할 수 있다.

PART 3

로컬문화의
목표 설정과
지역 자원의 활용

로컬문화사업의 비전과 미션 설정

    로컬문화사업을 성공적으로 기획하기 위해서는 비전과 미션을 명확하게 설정해야 한다. 이를 통해 사업의 목적과 방향성을 정의해야 지역사회와의 조화를 이룰 수 있다. 아래는 지역 기획자의 입장에서 로컬문화사업의 비전과 미션을 설정하는 방법에 대한 몇 가지 지침이다. 이를 참고하여 자신만의 차별화된 로컬문화를 기획해 보기 바란다.

비전_{Vision} 설정

    로컬문화사업의 비전은 해당 지역의 독특한 아이덴티티와 어우러져야 한다. 지역사회의 특성과 가치관을 고려해 지역 주민들이 공감하고 자부심을 느낄 수 있는 비전을 설정한다. 그리고 비전은 문화적인 다양성을 존중하고 증진하는 데도 중점을 둠으로써 로컬예술, 교육, 그리고 문화유산을 강화하고 보존하는 방향을 제시해야 한다. 또한 비전은 창의성과 혁신을 촉진하는 요소를 반영해야 한다. 지역사회에 새로운 시각과 경험을 제공함으로써 사회 전반에 긍정적인 영향을 미치는 방향으로 나아가는 것이 중요하다.

미션_{Mission} 설정

미션은 지역 리더십과의 강화 및 협력을 강조해야 한다. 지역사회와의 긴밀한 파트너십을 구축하여 지속 가능하고 발전 가능한 로컬문화생태계를 함께 만들어 나가는 목표를 세워야 한다.

그리고 로컬문화사업의 미션은 지역 주민들에게 예술, 문화, 교육 등 다양한 활동에 참여하도록 독려하고, 이를 지속적으로 홍보하는 것이다. 이를 위해 예술과 문화의 중요성을 강조하고 지역 주민들에게 그 참여의 가치를 알려야 한다.

미션은 지속 가능성과 사회적 책임을 고려해야 한다. 로컬문화사업이 지역사회에 긍정적인 영향을 미치도록 노력하고, 자원의 지속 가능한 활용을 통해 지역 발전에 기여하는 목표를 세워야 한다.

또한 미션은 지역 주민들의 참여와 소통을 중시해야 한다. 사업에 대한 투명성을 유지하고 주민들의 의견을 수렴하여 지속적으로 사업을 발전시키는 데 주력해야 한다.

비전과 미션은 로컬문화사업의 핵심 원칙을 나타내며, 이들을 통해 사업이 향후 몇 년 동안 나아갈 방향을 설정할 수 있다.

사례 : 의성군 로컬문화사업의 비전과 미션 설정

다음은 로컬문화사업의 비전과 미션을 설정하는 사례로서 경상북도 의성군이 인구감소로 인한 지방소멸 위기를 극복하기 위해 기획한 지역 고유의 문화와 자원을 활용한 로컬문화사업을 소개하도록 한다.

▶비전(Vision) : 전통과 현대 예술의 조화를 통해 지역 아이덴티티 강화 및 문화적 활력 증진

▶미션Mission 및 구체적 실행 방안

1. 지역예술가 지원 및 참여 유도

- 미션 : 예술가들의 창작 활동을 촉진하고, 주민들의 문화 참여를 활성화.
- 실행 방안 : 지역예술가들의 작품을 전시할 수 있는 '의성 아트 갤러리'를 설립하여 정기적인 전시회를 개최한다. 그리고 주민들이 참여할 수 있는 예술 워크숍과 강좌를 운영하여 문화적 역량을 강화한다.

2. 문화유산 보존 및 현대적 재해석

- 미션 : 전통문화를 현대적으로 재해석하여 새로운 문화 콘텐츠를 창출.
- 실행 방안 : 의성의 전통 농경문화와 관련된 축제 및 행사를 기획하여 관광자원으로 활용한다. 지역의 역사적 건축물을 활용한 문화 공

간을 조성하여 주민들과 방문객들에게 개방한다.

의성 아트갤러리 (출처 : 의성군청 홈페이지)

3. 교육 프로그램 개발 및 창의성 증진

• 미션 : 주민들과 청소년들에게 문화예술 교육프로그램을 제공하여 창의성 증진.

• 실행 방안 : 지역 학교와 협력하여 예술교육 커리큘럼을 개발하고, 전문강사를 초청하여 수업을 진행한다. 그리고 청소년들을 위한 창작 캠프와 공모전을 개최하여 지역문화에 대한 관심을 높인다.

4. 지속 가능한 문화사업 추진

• 미션 : 지역 자원을 활용한 친환경 문화사업을 통해 지속 가능성을

확보.

- 실행 방안 : 지역 농산물을 활용한 공예품 제작 워크숍을 운영하여 지역경제와 연계한다. 그리고 에너지 효율을 고려한 문화공간을 설계하고, 친환경 재료를 사용한다.

5. 주민 참여와 소통 강화

- 미션 : 주민 의견을 반영한 문화 프로그램을 개발하여 지역 공동체 의식 강화.
- 실행 방안 : 정기적인 주민 포럼을 개최하여 문화사업에 대한 의견을 수렴하고, 프로그램에 반영한다. 그리고 지역 커뮤니티와 협력하여 공동 프로젝트를 추진하고, 주민들의 자발적인 참여를 유도한다.

이러한 로컬문화사업을 통해 의성군은 지역의 고유한 문화를 보존하고 발전시키며, 주민들의 문화적 삶의 질을 향상시킬 수 있을 것이다. 또한, 외부 방문객을 유치하여 지역경제 활성화에도 기여할 것이다.

지역 목표와 전략적 계획 수립

　로컬문화기획을 위한 목표와 전략적 계획 수립은 해당 지역의 특성과 필요에 따라 맞춤형으로 이루어져야 한다.

　아래는 로컬 기획자의 입장에서 로컬문화기획을 위한 목표와 전략적 계획을 수립하는 가이드이다. 참고하여 수립하길 바란다.

1. 현황 분석

- 지역 특성 파악 : 현재 지역의 문화 생태계, 예술 및 역사적 자원, 지역 주민들의 문화적 욕구를 파악한다.
- SWOT 분석 : 지역의 강점, 약점, 기회, 위험을 분석하여 현황을 명확히 이해한다.

2. 목표 설정

- 비전 수립 : 로컬문화기획의 비전을 설정하고, 이를 통해 지역이 원하는 미래의 상태를 명확히 정의한다.
- SMART 목표 : 구체적, 측정 가능, 달성 가능, 현실적, 시한 내에 달

성 가능한 SMART 기준에 맞춘 목표를 수립한다.

※ SMART 목표란 Specific(구체적), Measurable(측정 가능한), Achievable(달성 가능한), Realistic 그리고 Relevant(현실적이고 관련된), Time-bound(기한이 있는) 목표를 설정하는 방법을 말한다.

3. 지역 참여 및 피드백 수렴

- 주민 참여 : 지역 주민들을 활발히 참여시키고, 그들의 의견과 욕구를 수렴한다.
- 환류(還流, Feedback) : 지속적인 환류(피드백) 세션 및 포럼을 통해 지역사회의 다양한 의견을 수렴하고 반영한다.

4. 전략적 계획 수립

- 다각도 접근 : 다양한 분야와 측면에서 지역문화를 접근하고, 혁신적인 방법을 도입한다.
- 협력과 파트너십 : 지역 내외의 예술가, 비영리단체, 기업, 정부기관 등과 협력하여 지속적인 지원과 자원을 확보한다.
- 소셜 미디어 전략 : SNS(유튜브, 인스타그램, 블로그, 틱톡 등)를 활용하여 문화 홍보, 예술체험, 교육 등을 강화하고 효과적인 디지털 문화 경험의 기회를 제공한다.

5. 교육과 리더십 강화

- 지역 리더십 강화 : 지역 내 예술가, 문화 활동가, 교육자 등의 리더십을 강화하고 지역문화를 이끌어나가는 역할을 부여한다.

- 교육 프로그램 : 문화예술 교육 프로그램을 강화하여 지역 내 예술가 양성 및 지역주민들에게 문화적 지식을 제공한다.

6. 지속 가능성 고려

- 환경친화적 활동 : 지속 가능한 문화 활동과 행사를 개발하여 환경에 미치는 영향을 최소화하고 지속 가능성을 고려한다.
- 자금 및 자원 지속 가능성 : 장기적으로 자금과 자원을 확보할 수 있는 방안을 모색하고, 다양한 자금 조달 수단을 확보한다.

7. 평가 및 수정

- 성과 평가지표 설정 : 목표 달성을 평가하기 위한 성과 지표를 설정하고 주기적으로 평가를 실시한다.
- 전략 수정 : 성과 평가 결과를 토대로 전략을 필요에 따라 수정하고, 새로운 도전과 기회에 유연하게 대응한다.

지금까지 소개한 접근 방식을 통해 로컬 기획자는 현실적이고 효과적인 로컬문화기획 전략을 수립할 수 있다.

지역 자원과 파트너십 확보

　지역문화자원과 문화예술 관련 파트너십을 확보하기 위해서는 다양한
전략과 접근 방식이 필요하다. 아래는 이를 위한 몇 가지 방법이다.

1. 지역문화자원 파악 및 협력 기회 발굴

　지역의 문화자원, 예술가, 예술단체, 문화기관 등을 탐색하고 지역의
역사, 전통, 특색 등에 대한 이해 및 어떤 자원이 파트너십에 적합한지 파
악한다.

2. 문화기관 및 단체 연락

　지역의 예술 갤러리, 박물관, 예술단체 등과의 미팅 및 네트워킹 행사
에 참여하여 소통의 기회를 찾고, 시·군 및 문화재단의 문화부서, 문화
재 담당부서 등과 협력할 수 있는 기회를 모색한다.

3. 지역 아티스트와의 협업

지역예술가와 연결되어 있는 아티스트 그룹을 찾고 협업을 구성한다.

그리고 지역 아티스트와의 협력 프로젝트를 진행하여 지역예술계에 참여하고 인지도를 높인다.

4. 지역 기업과 협력

지역 기업과 협력하여 문화 이벤트나 프로젝트를 위한 스폰서십을 모집하거나 기부를 유도하며, 지역 기업이나 상인들과의 협업을 통해 문화 행사를 주최하고 후원을 받도록 한다.

5. 교육 및 문화체험 프로그램 개발

학교와 파트너십을 맺어 학생들을 대상으로 한 예술교육 프로그램을 개발하거나 지원한다. 그리고 지역 주민들이 참여할 수 있는 문화체험 프로그램을 개발하여 협력을 유도한다.

6. 소셜 미디어 플랫폼 활용

로컬문화자원을 유튜브, 블로그, 인스타그램, 페이스북, 틱톡 등 SNS 플랫폼에 공유하고 아티스트와 관객의 디지털 상호작용을 활성화 한다. 나아가 온라인 예술 전시, 워크숍, 행사 등을 개최하여 온라인에서도 지역문화를 홍보한다.

7. 정부지원 확보

지역 관공서 및 공공기관 문화 예산을 확보하고, 문화예술 활동을 지원받을 수 있는 제도 및 프로그램에 참여한다. 그리고 지역문화 정책 형성에 참여하여 파트너십 구축에 기여한다.

8. 커뮤니티 참여 강화

주민들이 직접 참여할 수 있는 프로젝트를 개발하여 지역사회와의 상호 작용을 강화하고 주민들이 예술과 문화에 참여할 수 있는 강좌 및 워크숍을 개설한다.

이상의 방법들은 지역문화자원과의 파트너십을 강화하고, 문화예술 관련 활동을 지원하는 데 도움이 될 수 있다. 각 방법을 조합하여 지역의 특성과 상황에 맞는 전략을 개발하는 것이 중요하다.

성공적인 지역문화자원 및 문화예술 관련 파트너십을 확보하는 방법은 다양한 전략과 접근을 필요로 한다. 다음은 실제 성공사례로 이를 통해 기획 아이디어를 얻기 바란다.

사례 : 사우스 바이 사우스웨스트(South by Southwest, SXSW)

사우스 바이 사우스웨스트(이하 SXSW)는 1987년 미국 텍사스주 오스틴에서 음악 축제로 시작되었다. 처음에는 지역 음악가들을 홍보하기 위한 행사였으나 점차 규모가 커지면서 영화와 기술을 포함한 종합 문화행사로 발전했다. 1994년에는 영화제와 인터랙티브(테크) 부문이 추가되었으며, 이후 디지털 혁신과 스타트업 발표의 중심지로 자리 잡았다. 트위터, 페이스북, 우버 등 여러 기술 기업이 SXSW에서 주목받으면서 성장했으며, 음악, 영화, 기술, 미디어, 환경 등 다양한 분야의 최신 트렌드를 조망하는 글로벌 이벤트로 자리매김하고 있다.

SXSW의 성공사례를 통해 지역문화자원과 문화예술 관련 파트너십을 어떻게 확보했는지 살펴보겠다.

1. 다양한 분야의 협력 확보

SXSW는 음악, 영화, 기술, 등 다양한 분야의 이벤트를 통합하여 제공하고 있다. 다양한 분야의 예술가, 기업, 기술 전문가와 협력하여 행사의 다양성을 증진시켰다.

2. 지역 기업과의 협력 및 후원 확보

SXSW는 지역 기업들과의 협력을 통해 후원을 받고, 이를 통해 행사의 규모를 확장하고 참가자들에게 다양한 혜택을 제공하였다.

3. 글로벌 아티스트와의 협업 강화

SXSW는 글로벌한 아티스트들을 초빙하여 행사에 참여하고, 이를 통해 국제적으로 영향력을 키우고 있다.

4. 지역 주민 및 학문 기관과의 협력

SXSW는 지역 주민들과 학문 기관들과 협력하여 지역사회에 긍정적인 영향을 끼치고 있다. 이를 위해 주민들을 행사에 참여시키고 학문적인 프로그램을 제공한다.

5. 소셜 미디어 플랫폼 활용

SXSW는 소셜 미디어와 디지털 플랫폼을 적극적으로 활용하여 행사를 유치하고 참여자들과의 상호 작용을 통해서 활발한 커뮤니케이션을 유도한다.

    SXSW의 성공은 다양한 분야에서의 협력, 지역 기업과의 협력 강화, 국제 아티스트와의 협업, 지역사회 및 학문 기관과의 협력, 디지털 플랫폼 활용 등이 효과적으로 이루어진 결과이다. 이러한 전략들을 참고하여 지역문화자원과의 파트너십을 강화하고 문화예술을 성공적으로 홍보하고 유지할 수 있다.

2024 SXSW 컨퍼런스 및 전시회 (출처 : SXSW 홈페이지)

PART 4

지역문화 정책과
전략적 추진

지역문화 정책 추진 전략의 이해

　로컬을 살리는 지역문화를 기획하고 추진하기 위해서는 정부에서 발표한 정책의 이해와 전략적 활용이 필요하다.

　다음은 2023년 3월 문화체육관광부(이하 문체부)에서는 지역 사이의 문화격차 해소 및 지방소멸에 대한 해결 방안으로 '문화를 여는 지방시대'를 목표로 지역문화 정책 추진전략을 발표하였다

지방시대 지역문화 정책 추진 전략 (출처 : 문화체육관광부)

자유와 연대를 추진 방향으로 "함께 누리는 문화, 문화로 매력 있는 지역"을 비전으로 설정하고 문화로 지역 균형, 문화로 지역 매력, 문화로 지역 활력을 목표로 한다.

그리고 세부 추진 과제로 첫째, 전국 어디서나 자유로운 문화 누림. 둘째, 지역 고유의 문화 매력 발굴과 확산. 셋째, 문화를 통한 지역 자립과 발전을 목표로 설정하였다.

지방시대 지역문화 정책 추진전략 (출처 : 문화체육관광부)

지방문화정책을 추진하게 된 배경은 어디서나 살기 좋은 지방을 위한 지역 주도형 균형 발전, 지역 일자리 창출, 지역 고유의 특성을 살릴 수 있는 지원 등 국가 균형 발전을 이루기 위함이다.

문체부는 MZ세대의 자기 지역에 대한 문화적 자부심과 감수성을 고양시켜 지역 발전의 원동력으로 삼기 위해 서점, 카페, 공방 등 슬리퍼 신고 문화누리는 '15분 문화슬세권' 1만 곳을 조성하고, 인구감소 지역은 공모사업 가점 우대 및 정책 특례 부여로 문화환경 개선을 우선으로 한다.

그렇다면 로컬로 살리는 지역문화기획의 비전을 이루기 위해 정책 목표를 어떻게 활용할 것인가를 고민하고 지역별로 차별화된 방안을 마련해야 할 것이다.

지방시대, 지역소멸을 극복하고 지역을 살리기 위해서는 무엇을 비전으로 삼고 목표를 추진해야 할까?

문화로 매력 있는 지역을 만드는 것, 즉 우리 지역만이 갖고 있는 문화관광 자원을 활용하여 '대표 매력'을 찾는 것이다.

예를 들어 수원이라고 하면 화성, 정선 하면 아리랑, 진주 하면 남강축제, 전주 하면 비빔밥이 떠오르는 것처럼 많은 사람들이 공감할 수 있는 지역을 대표할 매력적인 요소를 발굴하고 확산시키는 것이다. 즉 문화로 우리 지역만의 차별화된 '대표 매력'을 찾고 알리고 방문하도록 하는 것이 문화로 매력 있는 우리 지역을 만드는 것이다.

그렇다면 지방시대, 지역문화 정책을 추진하기 위해서는 어떻게 해야 할까?

지역문화 정책을 효과적으로 시행하기 위해서는 각 지역의 특성에 맞춘 로컬 전략과 이를 실천하기 위한 과제가 선정되어야 한다. 이를 위해 지역문화 정책을 추진할 인프라를 구축하고 이를 바탕으로 지역문화를 발굴하며 이를 실행할 인력 양성 및 일자리를 창출해야 한다.

첫 번째 전략으로, '대한민국 어디서나 자유로운 문화누림'을 보장해야
한다.

추진 과제로는 자유롭고 공정한 문화 접근기회를 보장하고, 지역맞춤
형 정책지원으로 지역소멸에 적극 대응해야 한다. 지역문화 기반시설의
전략적 확충을 위해 문화, 생활, 소통의 중심으로 모두의 도서관 운영과
장애인 프렌들리 및 미래지향적 문화 기반시설을 구축해야 한다.

두 번째 전략으로, '지역 고유의 문화매력을 발굴하고 확산'시켜야
한다.

추진 과제로 매력적인 스토리텔링을 담은 로컬 콘텐츠 발굴, 문화/관광
형 생활인구 유입 확대, 지역 현장 중심의 지역문화권 육성 및 확장이 필
요하다.

세 번째 전략으로, '문화를 통한 지역 자립과 발전'을 유도해야 한다.

추진 과제로 지역문화 발전을 위한 제도적 기반 강화, 지역 발전을 이
끄는 창의적인 문화인력 양성과 일자리 창출, 문화를 통한 주민활력 증진
과 사회문제를 해소해야 한다.

이러한 3대 전략의 방향에 맞추어 인프라 구축을 통한 지역만의 고유
한 매력을 발굴하고 문화인력 양성 계획을 수립해야 한다.

지방시대 지역문화 정책을 추진하기 위한 3대 전략축과 이를 추진하기
위한 11개 과제에 맞추어 우리 지역만의 차별화된 '매력 콘텐츠 발굴 및
지역 발전을 위한 문화전략'을 세워야 한다. 즉 지역문화 정책을 기준으

로 각 지역의 로컬 특성에 맞추어 매력적인 아이템으로 콘텐츠를 발굴하고 이를 로컬 상품(또는 서비스)으로 만들어 지역경제의 활성화를 통한 자연스러운 인구유입을 유도해야 할 것이다.

지역문화 정책 중점 추진 과제 1 :
대한민국 어디서나 자유로운 문화누림

지역문화 정책 중점 추진 과제로서 첫 번째는, '대한민국 어디서나 자유로운 문화를 누리기 위한 인프라 구축'이다. 이를 위해 공정한 문화 접근기회 보장, 지역맞춤형 정책지원, 모두의 도서관 운영, 장애인 프렌들리 및 미래지향시설 구축, 문화기반시설 확충 등 5개의 과제를 달성하기 위해 지역에 맞는 계획을 세워야 한다.

첫째, 지역에 관계없이 자유롭고 공정한 문화 접근기회를 보장해야 한다.

지역 구석구석에 고품질 문화 서비스 제공, 공정한 문화접근 기회를 보장하기 위해 15분 문화생활권을 설정하고 이에 맞춘 디지털 문화예술 향유 및 창작 환경을 조성해야 한다.

둘째, 지역 맞춤형 정책 지원으로 지역소멸에 적극 대응해야 한다.

지역 내 인구감소지역 대상 지방소멸 위기극복을 위해 우선 집중지원 방안을 마련하고, 균형적인 문화 발전을 위한 문화도시 육성, 거점지역 특화 문화 클러스터를 만들어 거점도시를 만들어야 한다.

셋째, 지역문화/생활/소통의 중심으로 모두의 도서관을 운영해야 한다. 모두의 도서관은 주민 수요에 맞춘 서비스를 제공하는 생활밀착형 일상 공간으로 지역에 활력을 주고 정보 격차를 해소해야 한다.

넷째, 사회적 약자의 문화 향유 환경에 대한 접근성 제고를 위해 장애인 프렌들리 시설을 구축하고, 미래지향 시설로서 디지털, 탄소 중립 인프라를 마련해야 한다.

다섯 째, 지역문화 기반시설의 전략적 확충을 위해 문화 인프라 배치 현황조사를 바탕으로 문화시설의 이전 및 건립과 유휴자산 활용을 지원해야 한다.

이상의 자유로운 문화누림을 위해서는 지역 내 문화 인프라 구축을 위한 지원정책 및 공모사업 활용 방안이 수립되어야 한다.

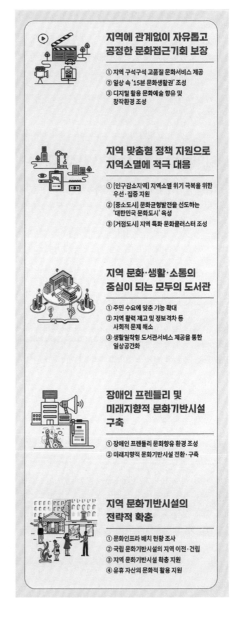

지역에 관계없이 자유롭고 공정한 문화접근기회 보장

① 지역 구석구석 고품질 문화서비스 제공
② 일상 속 '15분 문화생활권' 조성
③ 디지털 활용 문화예술 향유 및 창작환경 조성

지역 맞춤형 정책 지원으로 지역소멸에 적극 대응

① [인구감소지역] 지역소멸 위기 극복을 위한 우선·집중 지원
② [중소도시] 문화균형발전을 선도하는 '대한민국 문화도시' 육성
③ [거점도시] 지역 특화 문화클러스터 조성

지역 문화·생활·소통의 중심이 되는 모두의 도서관

① 주민 수요에 맞춘 기능 확대
② 지역 활력 제고 및 정보격차 등 사회적 문제 해소
③ 생활밀착형 도서관서비스 제공을 통한 일상공간화

장애인 프렌들리 및 미래지향적 문화기반시설 구축

① 장애인 프렌들리 문화향유 환경 조성
② 미래지향적 문화기반시설 전환·구축

지역 문화기반시설의 전략적 확충

① 문화인프라 배치 현황 조사
② 국립 문화기반시설의 지역 이전·건립
③ 지역 문화기반시설 확충 지원
④ 유휴 자산의 문화적 활용 지원

지역문화 정책 중점 추진 과제 2 :
지역 고유의 문화매력 발굴과 확산

지역문화 정책의 중점 추진 과제로서 두 번째는 '지역 고유의 문화매력 발굴·확산'이다.

우리 지역만의 매력을 발굴하기 위해 스토리가 담긴 로컬 콘텐츠 발굴, 문화관광형 생활인구의 유입 확대, 지역 현장 중심의 지역문화권 육성 및 확장이 필요하다.

첫째, 지역만의 매력적인 스토리텔링을 담은 로컬 콘텐츠의 발굴이다. 이를 위해 지역문화자산의 '보존-발굴-매력화'를 해야 한다.

둘째, 문화관광형 생활인구 유입의 확대이다. 여기서 생활인구란, 기존 주민등록인구에 근무, 통학, 관광, 휴양 등의 목적으로 특정 지역을 방문해 체류하는 인구와 출입국관리법상 등록 외국인 등을 포함한 인구를 말한다.

일반적으로 도시나 지역에 주소를 정해 거주하는 인구를 가리키며 특히, 일정기간 이상 계속 거주하고 있는 인구뿐만 아니라 일정 시간, 일정 빈도로 특

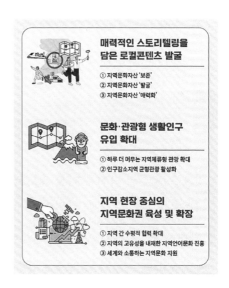

매력적인 스토리텔링을 담은 로컬콘텐츠 발굴
① 지역문화자산 '보존'
② 지역문화자산 '발굴'
③ 지역문화자산 '매력화'

문화·관광형 생활인구 유입 확대
① 하루 더 머무는 지역체류형 관광 확대
② 인구감소지역 균형관광 활성화

지역 현장 중심의 지역문화권 육성 및 확장
① 지역 간 수평적 협력 확대
② 지역의 고유성을 내재한 지역언어문화 진흥
③ 세계와 소통하는 지역문화 지원

정 지역에 체류하는 사람까지 지역의 인구로 본다. 최근 지방소멸을 막기 위한 대안으로 주목받고 있다. 이를 위해 지역 균형관광 활성화를 위해 하루 더 머무는 체류형 관광을 확대해야 한다.

셋째, 지역 현장 중심의 지역문화권을 육성하고 확장시켜야 한다.

이를 위해 지역문화예술단체의 수평적 협력 확대, 지역의 고유성을 내재한 지역 언어문화의 진흥, 타 지역과 소통하기 위한 지원 등이 있어야 한다.

지역문화 정책 중점 추진 과제 3 : 문화를 통한 지역 자립과 발전

지역문화 정책 중점 추진 과제로서 세 번째는 '문화를 통한 지역 자립과 발전'이다.

지역문화 발전을 위한 제도적 기반 강화, 지역 발전을 이끄는 창의적인 문화인력 양성과 일자리 창출, 문화를 통한 주민활력 증진과 사회문제 해소 등이 필요하다.

첫째, 지역문화 발전을 위한 제도적 기반 강화이다.

지역문화진흥을 위해 통계 및 정보 생산·유통체계 개선, 지역문화예술 관련 주체 간 거버넌스(governance, 과거의 일방적인 정부 주도적 경향에서 벗어나 정부, 기업, 비정부기구, 시민단체 등 다양한 행위자가 공동의 관심사에 대한 네트워크를 구축하여 문제를 해결하는 '참여형 국정운영 방식' 또는 '새로운 행정 시스템'이나 '정부 경영 전략' 등을 가리킨다. 민관 거버넌스, 다문화 거버넌스, 에너지 거버넌스, 블록체인 거버넌스, 인공지능 거버넌스 등 공공사업이나 정책 분야에서 두루 쓰이고 있다.) 강화이다.

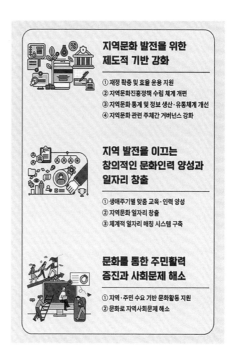

둘째, 지역 발전을 이끄는 창의적인 문화인력 양성과 일자리 창출이다. 이를 위해 생애주기별 맞춤교육과 인력양성과 일자리 창출을 위한 체계적인 일자리 매칭 시스템 구축이다.

셋째, 문화를 통한 주민활력 증진과 사회문제 해소를 위해 지역 · 주민 수요 기반의 문화 활동을 지원함으로써 문화로 지역사회 문제를 해결하고 없애는 것이다.

지역 고유의 문화매력 발굴과 확산

로컬을 살리는 지역문화기획을 위해 앞에서 문화체육관광부가 수립한 '문화로 여는 지방시대, 지방문화 정책 추진 전략'을 살펴보았다.

K-컬처가 세계인의 이목을 사로잡고 있는 상황에서, 각 지역이 가지고 있는 고유의 문화매력을 발굴하고 널리 알리기 위한 노력이 필요하다. 지역별 문화자원을 활용한 특화 콘텐츠를 개발하고, 지역을 대표하는 유·무형 문화자원인 '지역문화매력'을 선정하여 국내외에 알려야 한다.

또한 한 달 살기, 워케이션 등 생활이 여행이 되는 생활관광으로 지역관광을 활성화하고, 지역 명소·상품 할인 혜택이 주어지는 '관광주민증'의 발급으로 생활인구를 유입하여 지역경제에 활력을 불어넣어야 한다. 2022년 10월부터 강원 평창과 충북 옥천에서 시범운영을 시작한 '관광주민증' 사업은 2023년 2월까지 5개월 동안 발급자 수가 2개 지역 정주인구의 52%인 47,000여 명에 달하였다.

문화로 지역소멸을 막고 로컬을 살리는 기획을 하기 위해서는 3가지 중점 추진 전략 중 두 번째인 '지역 고유의 문화매력 발굴·확산'이 가장 먼저 준비되고 실행되어야 한다.

지역 고유의 문화매력을 발굴하기 위해서는 그 지역만의 스토리가 있는 콘텐츠가 있어야 한다. 스토리의 원동력은 '문화원형文化原形'이다.

문화원형은 한 지역 특유의 문화적 요소를 말한다. 다소 익숙하지 않은 단어이므로 이를 나누어 생각해 보면 훨씬 이해가 빠를 것 같다.

문화(文化, Culture)는 사회나 집단 사회의 구성원들로부터 배우고 전달받은 모든 것으로 의식주, 언어, 풍습, 종교, 학문, 예술, 제도 등이 포함된다. 원형(原形, Originality or Archetype)은 다른 것들이 유래된 원래의 형태로서 고유성과 정체성을 가진 본래의 모양을 뜻한다.

현대 기술이 발전하면서 문화원형을 활용한 다양한 콘텐츠들이 만들어지고 있다. K-Pop, K-Drama가 인기를 끌며 한류가 전 세계의 주목을 받게 됨에 따라 우리나라 고유의 문화원형(한복, 궁궐, 문화유산 등)에 대한 관심과 가치가 높아지며 외국인들이 우리의 문화원형을 향유하는 기회가 늘어나고 있다. 특히, 문화원형은 문화콘텐츠산업의 소중한 창작 소재로서 해외에서도 큰 반향을 불러일으키고 있다.

세계 최고의 OTT 플랫폼인 넷플릭스에서 최고의 조회수를 기록한 오징어게임은 무궁화 꽃이 피었습니다!, 달고나 뽑기, 구슬치기, 딱지치기, 줄다리기 등 과거부터 즐겨온 놀이(문화원형)를 콘텐츠화 하여 전 세계인들의 폭발적인 관심을 끌었다.

2024년 12월 26일에 오픈한 오징어게임 시즌2에서는 딱지치기, 비석치기, 공기놀이, 팽이치기, 제기차기 등 한국의 민속놀이 5종이 새롭게 등장한다. 특히 해병대 출신 참가자인 강대호(강하늘)가 현란하고 능숙한 손놀림으로 공기놀이를 하는 장면은 '틱톡' 등 숏폼 플랫폼에서 화제가 되며 해외에서 큰 관심을 모은 바 있다.

이처럼 문화원형은 국내외적으로 큰 관심과 반향을 불러일으키는 매우 중요한 콘텐츠 요소이다. 지역 속의 문화원형도 마찬가지이다. 각 지역의 특색 있는 문화원형을 로컬 콘텐츠로 활용하여 관광 자원으로 수익을 올리고 있다.

실제 사례로 제주 돌하르방, 부산 발 달린 꼬등어, 광주 동개비 등이 있으며, 제주도 특유의 석상인 돌하르방(할아버지 제주 방언)은 현무암을 깎아서 만든 것으로 제주의 홍보대사로 주요 관광지에 설치되어 있고 다양한 캐릭터 굿즈 및 교육 프로그램, 캠페인에도 활용되고 있다.

부산은 '시어市魚'인 고등어를 활용, '발 달린 꼬등어'라는 캐릭터를 만들고 애니메이션을 통한 부산 특유의 스토리를 전달하고 있으며 다양한 관련 상품으로 부가 수입을 올리고 있다.

전라남도 광주 남구 양림동에서는 300년 전의 개비설화를 배경으로 '동개비'라는 캐릭터를 만들고 캐릭터 상품, 페이퍼 토이, 동화책 등을 만들어 지역을 홍보하고 관광객을 유치하는 데 잘 활용하고 있다.

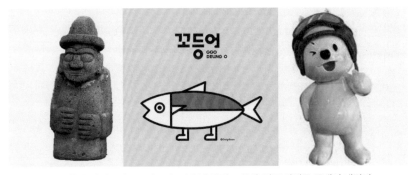

문화원형 및 활용 사례 : 제주 돌하르방, 부산 발 달린 꼬등어, 광주 양림동 동개비 캐릭터

이처럼 각 지역의 고유한 문화원형은 지역을 살리는 콘텐츠로서 매우 중요하다. 문화원형은 저작권이 없기 때문에 누구나 자유롭게 창작할 수 있는 아이템으로 상품화시킬 수 있다.

지역 고유의 문화매력을 발굴하기 위해서는 매력적인 스토리텔링을 담은 로컬 콘텐츠의 발굴이 되어야 한다. 지역의 원천(원형) 콘텐츠의 발굴을 통한 문화적 정체성 유지와 홍보 · 활용을 통한 부가가치 창출로 지역 활성화에 기여하고 로컬 브랜드로서 지역 수요 창출 및 세계화로의 가능성을 체크해야 한다

그렇다면 우리 지역의 대표 매력은 무엇일까? 대표 매력을 어떻게 발견하고 지역 내외의 사람들이 공감할 수 있는 콘텐츠를 만들 수 있을까?

지역만의 매력을 발견하기 위해서는 지역 홈페이지와 SNS(블로그, 유튜브, 페이스북, 인스타그램 등), 그리고 지역신문의 조사를 통해 매력적인 콘텐츠를 발견할 수 있다.

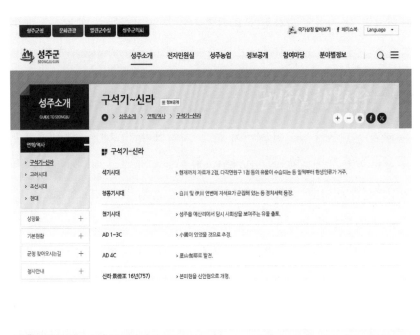

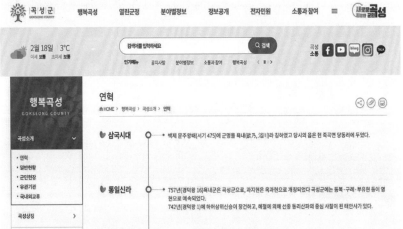

인구소멸지역 중 지역매력 발굴을 위한 지자체 홈페이지 연혁 사례 / 부여, 성주, 곡성

지역문화자산의 '보존-발굴-매력화' 추진

우리 지역만의 매력적인 스토리텔링을 담은 로컬 콘텐츠를 발굴하기 위해서는 앞에서 말한 대로 우리 지역의 문화자산을 '보존-발굴-매력화' 하는 3단계 추진이 필요하다.

1단계 : 지역문화자산의 '보존'

1단계는 지역문화자산의 '보존'이다.

지역의 문화자산은 역사 · 설화 · 지명 유래 등 향토자료와 근대 기록 유산, 주민참여 구술로 다양한 삶의 모습을 담은 현대 생활사가 있을 것이다.

스토리텔링을 통한 지속적인 콘텐츠 발굴을 위해 지역의 역사 · 문화 · 삶을 보존하여 지역의 정체성과 유산을 보존하는 '지역 아카이빙'이 중요하다.

지역 아카이빙을 위해서는 지자체 홈페이지나 SNS에 소개된 역사, 설화, 지명 유래 등 다양한 스토리가 있는 원형 콘텐츠를 자료로 축적하고 이를 트렌드, 타깃에 맞게 활용하면 될 것이다.

다음은 '사천시청 홈페이지'에서 찾아 본 지역명의 유래와 읍, 면, 마을 명칭의 유래와 '시사市史'로 선사시대부터 현대사까지 세부 기록을 살펴볼 수 있고, 문화 부문에서 축제, 문화행사, 문화시설 등 지역 고유의 문화원형 및 이야기를 찾아볼 수 있다. 이미 많은 지자체의 홈페이지 및 SNS에 지역의 문화원형에 대한 자료를 아카이빙화 해 놓았다.

로컬의 매력적인 콘텐츠 기획을 위해 지역단위(읍/면)별 문화자산 보존/발굴을 통한 스토리 만들기 및 이야기를 통합한 로컬 세계관 구축도 고려해 볼 일이다.

지명유래

ㅁ사천지명유래

삼국지 변진전에 들어 있는 24국 중 변진고순시국(弁辰古淳是國)이 나오는데 고순시국은 변진 24국의 하나로 사천지역으로 비정(比定)천관우의 가야사 연구)하고 있는데 고순시국은 사천(泗川)이라는 지역(국가) 지명과는 직접 연관이 없고, 고성의 서쪽에는 포상8국이 자리하고 있는데 그 중에 사물국(史勿國)이 있다고 천관우는 지적하고 있어 이 사물국의 사물이 오늘의 사천 첫 지명으로 생각된다.

사물(史勿: 思勿)이 문헌상으로 처음 나타나는 것은 <삼국사기>인데 삼국사기 48권 열전 제8편 물계자조와, 제32권 잡지 1편 악(樂) 가야금조인데 포상(浦上)의 8국 중에 사물국이란 나라가 현재의 사천으로 비정되고 있고 악편의 우륵이 지은 노래 12곡 중 다섯번째 곡명이 사물(思勿)임을 보아 사실상 사천의 첫 지명이 되는 것이다.

사물이란 국명이 어떻게 하여 지어졌는지는 확실히 알 수 없으나 앞에 기술한 지명의 형성 양태로 보아 사물이라는 어원을 분석해 보면 사(史)는 제왕의 언행을 기록하며 또 정부의 문서를 맡은 벼슬아치, 역사의 기록(史記), 장식이 있어 아름다운 것 씨씨로 풀이하고 있으며, 물(勿)은 부정(否定)을 나타내는 없음이나 금지(禁止)를 뜻하는 문자로 사용되고 있으나 음(音)으로는 물, 즉 물 수(水)와 같은 소리 값을 내고 있으므로 물(水)의 음차자(音借字)이거나 동음차자(同音借字)로 표기했을 것으로 생각되며, 사의 의미 요소인 장식이 있어 아름답다거나 혹은 녁새(四)의 가차자(假借字)로 보아 사방 즉, 동·서·남·북이 모두라는 의미일 것이고 물(勿)자 역시 물(水)의 가차자로 보아 사방 모두가 물에 둘러 싸여 있는 아름다운 곳이란 뜻으로 사물(史勿) 또는 사물(思勿)로 붙여진 이름이 아닌가 생각된다. 그러므로 사(史)는 장식(물)이 있어 아름다운 곳이며 사방이 모두라는 뜻일 것이고, 물(勿)은 물(水)로서 사방이 모두 바다나 강으로 둘러싸여 아름다운 곳로 이름이 붙여지지 않았나 짐작이 되는 것이다.

<삼국사기> 제32권 잡지 1편 악 가야금조에 나오는 우륵의 12곡 중 사물(思勿)을 풀이해 놓은 새 가야사와 삼국열전(아중재 저 명문당)에 보면 다섯 번째 곡인 사물곡인 사물을 '자기의 정신과 생각을 나타내는 곡으로 풀이하고 있는데 비해 다른 학자들은 도읍지나 지역 국가를 노래한 것으로 풀이하고 있으므로 여기서는 후자의 도읍지나 지역 국가를 노래한 것으로 생각되어진다.

사물(史勿→思勿)이란 사방으로 강이나 바다에 둘러싸여 사람 살기 좋고 아름다운 생각을 정신적으로 가다듬는 나라 이름인 것 만은 틀림 없을 것이다. 그러므로 사물(史勿)은 사물(思勿)로, 사물(思勿)이 사수(泗水)로 훈차(訓借)되고 그 후 행정구역 개편이나 한자로 지명을 고칠 때 사천(泗川)으로 개명되었을 것이다.

아무튼 어느 지명과는 달리 문헌상에 처음 보이는 「사물(史勿)」이 3세기초에서부터 8세기중엽(757년), 통일신라35대 경덕왕 16년에 고자군의 영현인 사물현으로 사수현으로 하고, 고려현종2년(1011년) 사수현을 임금의 풍패지향이라하여 사주로 승격후, 조선 태종13년(1413)에 사천(泗川)으로 다시 개명된 이래로 사천으로 그 이름을 이어 오고 있는 것이다.

읍면동	바로가기	읍면동	바로가기
사천읍	마을명칭유래 바로가기	서포면	마을명칭유래 바로가기
정동면	마을명칭유래 바로가기	동서동	마을명칭유래 바로가기
사남면	마을명칭유래 바로가기	선구동	마을명칭유래 바로가기
용현면	마을명칭유래 바로가기	동서금동	마을명칭유래 바로가기
축동면	마을명칭유래 바로가기	벌용동	마을명칭유래 바로가기
곤양면	마을명칭유래 바로가기	향촌동	마을명칭유래 바로가기
곤명면	마을명칭유래 바로가기	남양동	마을명칭유래 바로가기

지역 아카이빙을 위한 지명 / 마을명 / 시사 / 문화 내용 사례 / 사천시청 홈페이지

2단계 : 지역문화자산의 '발굴'

2단계는 지역문화자산의 발굴로 매력적인 스토리텔링을 담은 로컬 콘텐츠를 발굴하는 것이다.

이를 위해서는 지역 청장년을 활용한 기자단, 지역신문 등을 통해 지역 특화 콘텐츠를 개발해야 한다. 특히 지역을 대표하는 '대표매력'을 발굴하기 위해서는 그 지역만의 차별화된 역사 이야기와 현재의 소재(인프라, 자원, 특산품 등), 문화예술(전통문화, 축제, 문화예술가 등)이 있어야 한다.

다음은 매력적인 지역 특화 콘텐츠를 개발한 사례이다.

울산에서는 '고래'를 소재로 트렌드에 맞추어 미디어 아트를, 제주에서는 오름지형을 활용한 '드론 아트쇼' 등 지역의 소재를 기술을 더한 디지

털 콘텐츠화로 업그레이드 하였다.

울산 고래 미디어 아트 / 제주 드론 아트쇼

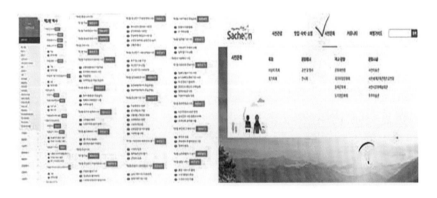

　지역 특화 콘텐츠 개발을 위해 국내외 성공 사례도 벤치마킹해야 한다. 지역 자원을 활용한 매력적인 콘텐츠 개발 사례로 중국 윈난성 리장의 '인상여강가무印象麗江歌舞쇼'가 있다. '인상여강가무쇼'는 중국을 대표하

는 영화감독 장예모의 연출로 '실경산수공연實景山水公演'이라는 새로운 장르의 공연으로 탄생했다. 실내 무대와 공연장에 머물던 인식의 지평을 야외로 확대한 것이다. 주변의 자연경관을 무대 배경으로 활용함으로써 사람과 자연이 어우러지는 기발한 실경산수 무대를 통해 감동을 준다.

인상가무쇼는 해발고도 3,600미터에 위치한 세계 최고의 야외공연장에서 10개의 소수민족으로 구성된 500여 명의 지역 주민배우, 100필의 말이 등장하는 엄청난 규모를 자랑하는 공연으로 멀고도 험한 차마고도로 떠나는 사람들과 남겨진 사람들의 슬픔, 소수민족의 삶과 애환을 담아낸 작품이다. 청명한 하늘과 옥룡설산을 배경으로 하는 자연 무대와 오로지 육성으로만 모든 공연을 진행하는 배우들의 모습이 어우러져 관객들에게 진한 감동을 선사한다.

지역 특화 콘텐츠 사례 : 중국 리장, 인상 여강 가무쇼(출처 : trips.com) :

이런 사례처럼 지역의 대표매력을 활용한 특화 콘텐츠를 만들기 위해서는 지리적 배경, 지역주민 참여를 고려한 지역만의 콘텐츠 스토리텔링 기획을 해야 한다.

산과 논이 많은 우리나라의 지리적 특성을 살려 벤치마킹할 만한 축제가 있다. 대규모 농장부지에서 음악을 중심으로 다양한 문화예술을 즐길 수 있는 영국의 '글래스톤베리 페스티벌Glastonbury Festival'이다. 이 축제는 영국 남서부 서머싯 카운티 주 필튼에 위치한 인구 9천 명 정도의 작은 마을 글래스톤베리에서 매년 여름 6월에 5일 동안 열리는 음악 중심의 축제로 1970년에 시작되었다.

1970년에 시작된 이 축제는 히피 음악의 영향을 받았으며, 장르의 제한 없이 자유로운 공연을 펼친다. 음악 공연 외에도 춤, 코미디, 연극, 서커스, 카바레 등 다양한 장르의 현대 예술을 다룬다. 매년 약 20만 명 정도가 다녀가는 세계 최대 규모의 야외 록 페스티벌이다. 축제의 공식명

지역 특화 콘텐츠 사례 : 글래스톤베리 페스티벌 전경 (출처 : trips.com)

칭은 '글래스톤베리 현대공연예술 페스티벌(Glastonbury Festival of Contemporary Performing Arts)'로 마이클 이비스의 농장 워시 팜Worthy Farm에서 개최되며 축제 기간 동안 7만 6천여 개의 텐트가 설치되어 야영이 가능하다.

환경보호에도 앞장서고 있으며 그린피스, 옥스팜, 워터에이드 등의 환경단체의 후원을 해오고 있다. 5년 간격으로 축제장소인 땅의 지력 회복을 위해 안식년을 지낸다.

네이버 지식백과에서 찾아본 축제의 역사는 다음과 같다.

워시 팜 농장주인 마이클 이비스Michael Eavis는 1970년 '바스 블루스 앤 프로그레시브 뮤직 페스티벌(Bath Festival of Blues and Progressive Music)'에서 록 밴드 레드 제플린Led Zeppelin의 야외공연을 보고 깊은 감명을 받고 돌아와 그가 소유하고 있던 넓은 농장에서 음악축제를 개최하기로 계획을 세웠다. 이후 9월 19일 미국의 최고 기타 연주자 중 하나였던 지미 헨드릭스Jimi Hendrix가 죽은 바로 다음날, 자신의 농장을 개방하여 '필턴 팝 앤 블루스 앤 포크 페스티벌(Pilton Pop & Blues & Folk Festival)'이라는 이름으로 작은 축제를 열었고, 마크 볼란Marc Bolan, 알 스튜어트Al Stewart 등의 가수들을 초청하여 지미 헨드릭스의 추모공연을 맘껏 펼칠 수 있게 했다. 공연을 즐기고자 하는 사람들에게 단돈 1파운드를 내고 공연을 즐기면서 농장에서 나오는 우유를 맘껏 마실 수 있게 했고, 이때 총 1,500명이 축제를 다녀갔다.

이듬해 1971년에는 9월에서 하지가 있는 6월경으로 축제시기를 변경했다. 당시 거의 모든 페스티벌이 지나치게 상업화 되어 있다고 생각했던 앤드루 커Andrew Kerr와 아라벨라 처칠Arabella Churchill이 축제 운영을 맡게 되었고, 이후 입장료를 무료로 변경했다. 음악, 춤, 시, 연극 등 갖가지 공연 요소가 더해졌고, 글래스톤베리를 상징하는 대표 무대인 피라미드 무대(pyramid stage)가 만들어졌다. 가수로는 호크윈드Hawkwind, 데이비드 보위David Bowie, 조안 바에즈Joan Baez 등이 참가해 총 12,000명이 축제를 찾아 공연을 즐겼다.

1981년에는 지금의 '글래스톤베리 페스티벌'로 이름이 변경되었으며, 마이클 이비스가 축제 운영을 담당하기 시작했다. 그는 축제를 개최함으로써 평화운동의 일환인 '핵 철폐 캠페인(Campaign for Nuclear Disarmament, CND)'을 지원했다. 당시 축제의 입장료는 8파운드였다. 총 18,000명이 다녀갔으며 축제에서 수익을 거둔 첫 번째 해였다. 이비스는 수익 중 2만 파운드를 핵 철폐 캠페인, 옥스팜Oxfam, 그린피스Greenpeace, 워터에이드WaterAid 등에 기부했다. 1985년 점점 축제에 사람들이 많이 몰려들자 장소가 협소해져서 근처의 콕밀Cockmill 농장을 구입하여 새로운 장소를 확보했다. 이 해에는 비가 많이 와서 바닥이 온통 진흙으로 뒤범벅된 채로 축제가 진행되었다.

1996년에는 안식을 이유로 축제를 취소했으며, 다음해인 1997년 영국 신문 〈가디언〉과 〈BBC〉의 대규모 후원을 받아 보다 더 큰 규모로 개최되었다. 심한 폭우로 인해 진흙탕과 같은 습지에서 공연을 즐겨야 했으나 라디오헤드Radiohead의 열정적인 공연으로 축제를 성공적으로 끝마쳤다. 1998년 역시 폭풍을 동반한 폭우로 어려움이 있었고 몇몇 축제 관객들은 공연장을 일찍 떠나기도 했다. 펄프Pulp, 로비 윌리암스Robbie Williams, 토니 베넷Tony Bennett 등이 악천후 속에서도 멋진 공연을 펼쳤고, 당시 총 방문자 수는 10만 명을 기록했다. 2000년 10만 장의 티켓이 판매되었음에도 불구하고 집계 결과 25만 명이 다녀갔다. 입장권 없이 몰래 울타리를 뛰어넘어 공연을 관람하는 사람들이 점차 많아져 이후부터는 조치가 강화되었다.

계속되는 인기로 2004년에는 티켓이 24시간 만에 매진되었으며 2005년에도 거의 3시간 반 만에 티켓이 모두 매진되었다. 2007년에는 악틱 몽키즈Arctic Monkeys, 더 킬러스The Killers, 더 후The Who 등이 참가하여 80개 무대에서 700회 넘는 공연이 이루어졌고 총 17만 7천 명이 참석했다. 티켓 가격은 145파운드로 인상되었으나 1시간 45분 만에 모든 티켓이 매진되었다. 2009년 블러Blur, 브루스 스프링스틴Bruce Springsteen, 닐 영Neil Young, 프로디지The Prodigy 등이 참가했고 2011년에는 헤드라인 무대에 U2, 콜드 플레이, 비온세 등이 참가했다. 2019년에는 마일리 사이러스Miley Cyrus, 자넷 잭슨Janet Jackson 등이 참가했다.

2024년에는 우리나라 유명 아이돌 그룹 세븐틴이 K그룹 중 유일하게

지역 특화 콘텐츠 사례 (출처 : 글래스톤베리 페스티벌 홈페이지)

참석하기도 했다.

이처럼 '글래스톤베리 페스티벌Glastonbury Festival'은 단순한 1회성 축제가 아니라 농장주와 지역문화 예술가 그리고 국영방송 〈BBC〉, 환경보호단체 등 다양한 거버넌스를 구축하여 성공적인 지역 특화 콘텐츠를 만든 사례라 할 수 있다.

유사한 음악축제 사례로 세계 최대 EDM 축제인 벨기에의 '투머로우랜드Tomorrowland'와 미국 네바다 주 블랙 록 사막(Black Rock Desert)에서 열리는 '버닝맨 페스티벌Burning Man Festival' 등이 있다.

벤치마킹 참고 사례 1 : 벨기에 투머로우랜드 축제

투머로우랜드 축제는 2005년부터 시작해 해마다 벨기에의 플란데런 지역 안트베르펜 주에 위치한 인구 17,000명 정도의 작은 도시인 봄Boom의 도시공원에서 열린다. 일렉트로닉 뮤직 페스티벌로서 세계 최대 규모이다.

UMF, EDC 등 대형 일렉트로니카 페스티벌이 약 3일간 개최되는 것과 달리 최대 9일까지 공연을 개최한다. 세계 최대 EDM 축제로 매년 수십만 명의 관람객이 방문하여 개최국인 벨기에에서는 적극적으로 관광 상품으로 홍보를 지원하고 있다. 이 축제는 최정상급부터 신인 DJ들까지 EDM 아티스트들에게 성지와도 같은 축제이다. 해마다 축제의 주제가 바뀌며 그 주제에 맞춰 스테이지 배경도 구성하여 매년 신선한 느낌을 받을 수 있게 콘텐츠를 만들어 낸다.

축제 시기는 7월에 열리고 있으며 '투모로우랜드 윈터' 겨울 버전으로 2019년부터 열리고 있다. 2015-16년에 브라질에서 첫 해외축제가 열렸고 코로나 이후 2023년 10월에 다시 브라질에서 개최되었다. 2024년에는 7월 19일에서 28일까지 10일 동안 40여만 명이 참석하였다.

지역 특화 콘텐츠 사례 : 벨기에 투머로우랜드 페스티벌 (출처 : 투머로우랜드 홈페이지)

벤치마킹 참고 사례 2 : 미국 버닝맨 페스티벌

버닝맨 페스티벌은 예술가를 포함한 다양한 참가자들이 미국 네바다 주의 블랙 록 사막(Black Rock Desert)에 모여 일시적으로만 존재하는 가상의 도시 블랙 록 시티Black Rock City에서 펼쳐지는 예술 축제다.

각 참가자는 '플라야Playa'라 불리는 곳에서 공동생활을 하면서 그곳에서 자신을 표현하며 생존한다. 이 실험적인 지역사회는 스스로를 가상의 도시 블랙 록 시티(Black Rock City, BRC)라고 부른다. 블랙 록 시티는 참가자들이 공동체, 예술, 자기표현, 자립성에 전념함으로써 만들어지는 도시로서 축제가 펼쳐지는 일주일이 지나면 흔적도 없이 사라진다.

축제 기간 중 토요일 밤이 되면 축제를 상징하는 거대한 나무 인물상을 불태우는데, 여기에서 '버닝맨Burning Man'이라는 축제 명칭이 유래했다. 1986년부터 시작된 축제는 매년 8월 마지막 월요일에 시작해 미국의 노동절인 9월 첫째 월요일에 끝난다.

버닝맨 페스티벌은 축제 주최측이 준비한 행사들을 수동적으로 관람하는 일반 축제와 정반대 성격을 지닌 축제다. 축제에 함께하는 수만 명의 사람들은 '관람자'가 아닌 '참가자'로, 각자는 예술가, 다양한 캠프 운영자, 자원봉사자 등으로서 축제를 만들어간다. 버닝맨 페스티벌의 핵심은 사람들이 능동적으로 '참여'해 각자의 재능과 자기표현으로 서로 소통하고 도움이 되는 공동체를 형성하는 데 있다. 이러한 축제의 특성으로 인해 구글, 메타(페이스북), 테슬라 CEO가 직접 행사에 참여하여 영감을 얻기도 하였으며, 구글은 본사에 버닝맨 사진이 걸려 있고 참여자는 입사 평가에서 가산점을 부여하기도 한다.

구글 두들Doodles은 검색 엔진인 구글Google에서 유명인의 탄생이나 역사적인 사건을 기념해 만드는 일시적인 로고 디자인이다. 구글 두들이 처음 등장한 것은 1998년 8월 30일이었는데, 이 첫 번째 구글 두들이 바로 버닝맨이었다. 구글의 공동창업자인 래리 페이지Larry Page와 세르게이 브린Sergey Brin이 버닝맨 페스티벌에 참석한다는 것을 알리기 위해 등장한 장치였다. 구글의 공식 설명에 따르면 버닝맨 구글 두들은 '구글 사이트에 오류가 발생했을 때 왜 아무도 전화를 받지 않는지 궁금해 할 사람들을 위해 남기는 부재 중 메시지'였다고 한다. 버닝맨 페스티벌을 널리 알려준 것으로 언급되는 일화다.

지역 특화 콘텐츠 사례 : 미국 버닝맨 페스티벌 (출처 : 버닝맨 홈페이지)

샌프란시스코의 해변에서 즉흥적인 소규모 모임으로 시작된 버닝맨 페스티벌은 네바다 주의 외떨어진 사막에서 열림에도 2023년에는 74,000명이 모였고, 놀랍게도 전 세계 공식 버닝맨 지역 행사에 95,000명이 참여하여 종합적, 전위적인 문화예술 축제로서 자리를 잡았다.

최근 미국의 여러 도시에서는 네바다 주까지 이동하지 않고 자신들의 거주지 가까운 곳에 버닝맨 페스티벌과 유사한 축제를 기획해 운영하고 있으며, 유럽, 아시아, 아프리카, 캐나다, 호주 등지에서도 미국 버닝맨 조직과 공식적으로 연계된 지역 행사(Burning Man Regional Event)가 개최되고 있다. 한국에서도 2013년부터 버닝맨의 공식 한국 지역 행사인 '코리아 번(Korea Burn)'을 매년 여름 개최한다. [네이버 지식백과/위키디피아에서 발췌 정리]

이러한 사례를 벤치마킹하여 우리나라에서도 지역의 유휴지에 지역주민(특히 문화예술가)을 중심으로 지자체, 방송사, 지역 비영리단체들이 함께 지리적, 문화적 특성을 활용한 차별화된 K-문화예술축제를 만들어 세계의 문화예술을 사랑하는 사람들이 방문하도록 만들어야 할 것이다.

다음은 지역 특화 콘텐츠를 개발한 사례로 라스베가스에 2023년 오픈한 몰입형 실감콘텐츠 공연장 스피어(sphere/www.thesphere.com/)이다.

지역 특화 콘텐츠 개발 사례 : 라스베가스 스피어 공연장 (출처 : 스피어 페이스북)

라스베가스는 네바다 주의 척박한 사막에 지어진 휴양, 오락 특히, 카지노를 중심으로 발전한 매력적인 도시이다. 라스베가스는 인구적, 지리적 특성을 살펴보면 미국에서 인구 유입이 가장 빠른 도시로서 서울시 절반 정도의 크기에 인구 60만 명 정도지만 같은 생활권인 광역 도시권을 포함할 경우 인구 200만 명에 서울의 30배가 넘는 크기다. 네바다 주 인구의 90% 이상이 라스베가스 인근에 살고 있다.

서부개척시대에 '실버 스테이트Silver State'라고 해서 은광의 개발을 위해 사람들이 몰려들면서 역사가 시작된 라스베가스는 콜로라도 강이 가까이에 있고 후버댐을 건설하면서 만들어진 미드 호수가 있으며 해발 600미터의 분지 지형으로서 주위에는 해발 2000미터가 넘는 산으로 둘러싸여 있어서 사막 기후임에도 풍부한 수자원과 겨울에는 눈을 구경할 수 있는 독특한 매력을 가지고 있는 도시다.

주요한 산업은 관광산업이고 카지노와 세계에서 가장 큰 호텔 타운이 되었다. 본격적인 도시 개발은 1905년으로 당시 네바다에서는 많은 은이 발견되었는데, 이 은을 수송하기 위해서 철도역이 다운타운에 설치되면서이다. 그 후 1911년 정식으로 도시가 출발하였다. 1930년대 은광 개발이 침체되면서 경제적 가치를 상실하게 되면서 1931년에 도박을 합법화시켜서 오락과 도박의 도시로 탈바꿈을 하게 된다. 1936년 세계 최대의 후버댐이 개발되면서 노동자들이 몰려오고 그랜드캐년이 본격 개발되면서 주변의 부가적인 관광 자원을 적극 활용해 카지노와 관광의 도시로 탈바꿈을 한다.

하지만 1970년대 이후 미국의 여러 도시에서 카지노가 합법화 되고 해

외에서는 마카오 등의 도박의 도시가 성장하면서 라스베가스는 위기의
식을 느끼게 되었고 새로운 변화를 모색할 수밖에 없었다. 이에 라스베가
스는 1990년대 들어 연초에 열리는 CES(Consumer Electronics Show)와 같은 대형
컨벤션 행사와 더불어 국제 비즈니스 도시로 변화에 성공했고 테마형 대
형 리조트호텔들의 성공적인 건설과 함께 가족형 종합 관광위락단지로
자리를 잡게 되었으며, 현재는 세계 최고의 가족 단위의 종합 엔터테인먼
트 관광의 도시로 완전히 변화된 전 세계에서 가장 재미있고 즐거운 도시
가 되어 있다.

이곳에 2023년 트렌드와 기술을 결합한 몰입형 실감콘텐츠 공연장으
로 몰입형 곡선 스크린, 이머시브 사운드로 새로운 경험을 할 수 있는 스
피어가 오픈하였다.

스피어는 2023년 9월 29일 개장한 세계에서 가장 큰 구형球形 공연장(최
대 2만 명 수용)으로 U2의 레지던시 공연을 시작으로 주로 공연용으로 사용
되지만 2025년 1월에는 델타항공사 창립 100주년 기념행사로 인공지능
의 도움으로 만들어낸 멀티 모달(이미지와 소리 등 다양한 형태의 정보를 주고받
는 것) 콘텐츠로 1만 명의 관객이 함께 비행기를 타고 이륙하는 몰입 체험
을 하는 공간으로도 활용되었다. 향후에는 복싱이나 종합격투기 등의 경
기장으로도 활용될 예정이다.

스피어는 유일하게 미디어 파사드 외관을 지니고 있다. 미디어 파사드
로 구현한 외부 스크린은 둥근 모양을 활용해 다양한 이미지를 보여주며
주변 환경과 상호작용하는 모습을 만들어 관광객들에게 많은 인기를 누
리고 있다. 국내 게임 메이플 스토리도 역시 이모지 광고 형식으로 핑크

라스베가스 스피어를 통한 광고 사례 : 넥스 메이플 스토리 이모지 (출처 : 넥슨)

빈을 활용해 스피어에 광고를 하였다.

이처럼 공연과 광고로 높은 수익을 거두고 있는 스피어의 공연장 건물은 9층 높으로 2만여 명을 수용 가능하며 2024년 기준으로 세계에서 가장 크고 가장 높은 해상도를 가진 초대형 삼성 LED 스크린이 설치돼 있고, 건물 외벽에는 하키 공 크기의 LED 약 120만 개를 설치해서 영상을 상영해 공연 및 광고 영상을 제공한다.

내부/외부 화면 모두 16K UHD 해상도 영상 출력이 가능하며, 8만여 개의 스피커를 통해 어디서든 깨끗한 음질로 음악을 들을 수 있다. 4D 체험을 위해 좌석의 반, 즉 약 1만 개가 진동 구동형이다. 물안개, 바람, 인공 냄새 등을 공연장에 좌석 방향으로 분사하여 오감을 자극시키는 구조다.

우리나라의 유사 사례로는 강원도 정선에 석탄산업의 사양화로 낙후된 폐광지역의 경제를 진흥시켜 지역 간의 균형 있는 발전과 폐광지역 주민의 소득증대 도모를 위해 개발된 강원랜드가 있다.

이처럼 인구적, 지리적 특성을 활용하여 특화된 콘텐츠로 다양한 관광 인프라를 만들 수 있을 것이다.

3단계 : 지역문화자산의 '매력화'

3단계는 지역문화자산의 '매력화'로 지역 특화 콘텐츠를 로컬만의 매력으로 만드는 것이다. 이를 위해 다각적인 지역 콘텐츠를 발굴하고 이를 통합화 하는 방법이 모색되어야 한다.

그렇다면 어떤 콘텐츠를 매력적인 지역의 대표 로컬 콘텐츠로 만들 것인가? 1, 2단계를 통해 발굴한 지역문화자산을 매력화하여 대표 로컬 콘텐츠로 만들기 위해서는 '지역문화자산 발굴 프로세스'는 다음과 같다.

① 지역 돌아보기 (지역 현황(인구/경제성장률 파악)

② 지역 이슈/키워드 발굴 (트렌드, 사회문화 이슈를 고려하여 로컬 아이템 발굴 및 연결 가능성 체크)

③ 지역 스토리가 있는 문화자산(로컬 아이템) 선정 (로컬 아이템 선정, 역사/문화/관광/특산품 고려)

④ 벤치마킹 지역문화자산 연구 및 주민 선호도 조사

⑤ 지역 대표 문화자산 선정(로컬 아이템 SWOT 분석 병행), (차별화된 로컬 콘텐츠로 비즈니스 모델 캔버스 작성(핵심 서비스 및 운영 방향))

⑥ 주민과 함께(주도)하는 문화자산 활용 기획(단계별(시범시행/진입기-성장기-정착기), 타깃 설정, 브랜드 개발 (콘셉트, 컬러, 키워드) 및 체계화

⑦ 단계별 실행계획(세부 추진 항목별 일정, 운영/관리 계획, 마케팅/홍보계획, 소요예산/투자계획/재무계획)

⑧ 기대효과 (지역경제 활성화, 관광객 증가, 일자리 창출 등 성장 동력 마련)

이상 8단계 추진 프로세스를 세부적으로 추진하기 위해 각 단계별 현장에서의 실행 가이드를 제안하였다. 지역 현장에 맞게 활용해 보시길 바란다.

지역문화자산 발굴 프로세스

1단계 : 지역 돌아보기

지역 현황을 파악하는 첫 단계는 현재 지역이 어떤 모습인지 명확히 이해하는 것이다. 이 과정은 지역 자산 발굴의 기초가 되므로 꼼꼼하고 체계적으로 진행해야 한다.

다음은 현장에서 실행 가능한 구체적인 가이드이다.

1. 지역 인구통계 파악

- 인구 자료 수집 : 행정기관(시청, 군청)에서 제공하는 최신 인구통계 자료를 홈페이지, SNS를 통해 연령대별, 성별, 직업별 인구구성 비율 등을 조사한다.
- 현장 확인 : 지역 내 주요 거점(학교, 시장, 공원 등)을 방문해 실질적인 인구분포와 생활 패턴을 확인한다.
- 문서화 작업 : 수집한 자료를 정리하고, 현재와 과거의 인구 변화를 비교, 분석한다.

2. 경제 성장률 조사

- 경제 자료 확보 : 지역 상공회의소 또는 경제 관련 부서에서 최신 경제 보고서를 홈페이지, SNS에서 수집, 지역 내 주요 산업과 소득 분포에 대한 정보를 파악한다.
- 주요산업 현황 파악 : 지역의 대표적인 산업(농업, 제조업, 관광업 등)을 확인하고, 각 산업의 생산 규모, 고용 인원 등을 조사한다.
- 현장 방문 : 지역 내 주요 경제활동 지역(산업 단지, 상업 지역)을 방문해 직접 관찰하고 관계자 인터뷰를 진행한다.

3. 인프라 및 환경조사

- 인프라 현황 점검 : 교통망, 공공시설, 의료 및 교육 인프라 현황을 확인하고, 지역 내 주요 건설 프로젝트 진행 상황을 파악한다.
- 자연환경 조사 : 지역의 자연자원(강, 산, 숲 등)을 조사하여 활용 가능성을 평가하고, 환경문제(오염, 재난 위험 등)가 있는지 확인한다.

4. 문제점 및 기회 요인 도출

- 문제점 정리 : 인구 감소, 고령화, 청년층 유출 등 지역이 직면한 문제를 정리하고 경제적 어려움(산업 침체, 소득 불균형 등)을 구체화한다.
- 기회요인 분석 : 관광 잠재력, 자연환경, 지역 특산물 등 활용이 가능한 자산을 정리하고 지역 주민들의 참여의지와 협력 가능성을 체크한다.

5. 실행을 위한 체크 리스트

이 가이드를 따라 현장 조사를 진행하면 지역에 대한 체계적이고 명확한 이해를 바탕으로 다음 단계를 준비할 수 있다.

2단계 : 지역 이슈 및 키워드 발굴

1. 트렌드 분석 : 국내 및 글로벌 트렌드 파악

- 사회문화적 변화 조사 : 현재 사람들의 생활방식, 가치관, 관심사가 어떻게 변화하고 있는지 조사한다. 예를 들어 지속 가능성, 웰빙, 디지털 전환 등과 같은 주요 이슈를 살펴본다.
- 환경문제 파악 : 기후변화, 에너지 절약, 친환경 제품 등 환경과 관련된 글로벌 및 국내 이슈를 확인한다. 이는 지역 활동이나 아이템에 적용 가능한 요소를 찾는 데 도움이 된다.
- 관련 자료 확인 : 뉴스, 리포트, 연구자료 등을 통해 현재 주목받는 트렌드를 구체적으로 정리한다.

2. 로컬 아이템 탐색 : 지역 고유 자산 조사

- 자연환경 조사 : 지역의 산, 강, 해변 등 자연자원을 조사한다. 예를 들어 특정 계절에만 볼 수 있는 경치나 희귀한 특산품, 동식물 등이 있는지 알아본다.
- 전통과 문화 : 지역의 전통행사, 민속놀이, 문화유산 등을 조사하여 이를 활용할 방법을 고민한다.

- 음식과 특산물 : 지역에서만 맛볼 수 있는 음식이나 특산물을 조사하고, 대중에게 매력적으로 보일 수 있는 스토리를 찾아본다.
- 축제 및 행사 : 지역에서 열리는 축제나 행사를 조사하고, 이를 통해 어떤 메시지를 전달할 수 있을지 고민한다.

3. 연결 가능성 검토 : 기존 자산과 트렌드의 융합

- 융합 아이디어 발굴 : 지역의 전통문화나 특산물이 현재 트렌드와 어떻게 연결될 수 있을지 브레인 스토밍을 한다. 예를 들어, 지역 음식을 건강 트렌드와 연결하여 새로운 레시피를 제안할 수 있다.
- 활용 사례 조사 : 다른 지역이나 기업이 성공적으로 실행한 융합 사례를 참고한다. 이를 통해 새로운 아이디어를 구체화할 수 있다.

4. 소셜 리스닝 : 대중 관심사 분석

- SNS 분석 : 블로그, 인스타그램, 페이스북, 틱톡 등에서 특정 키워드로 검색해 사람들이 어떤 이야기를 하고 있는지 확인한다.(예 : #지역축제, #로컬푸드)
- 포털 키워드 확인 : 네이버, 다음 등 주요 포털 사이트에서 인기 검색어와 관련된 주제를 살펴본다.
- 커뮤니티 모니터링 : 지역 커뮤니티나 포럼을 방문해 사람들이 가장 관심을 가지는 주제를 조사한다.

5. 실행을 위한 체크 리스트

이 가이드북을 따라 현장에서 조사하고 분석하면, 지역 이슈와 키워드를 효과적으로 발굴할 수 있을 것이다.

3단계 : 지역 스토리가 있는 문화자산 선정

지역의 역사와 전통, 관광자원, 특산품 등에서 스토리가 있는 문화자산을 발굴하고 활용하기 위한 구체적인 실행 계획을 제시한다. 아래 단계를 따라 진행한다.

1. 후보군 설정

지역의 역사적, 전통적, 또는 문화적 의미를 가진 자원을 조사한다. 오래된 건축물, 유적지, 기념물 등을 포함한다. 지역축제나 전통행사, 민속자료도 포함될 수 있다. 해당 지역의 특산품이나 자연경관도 후보군이 될 수 있다. 조사한 자원을 리스트로 정리하고 각 자원에 대한 간단한 설명을 추가한다. 관련된 사진이나 자료를 함께 첨부하면 더욱 좋다.

2. 스토리텔링

각 자원의 고유한 배경과 이야기를 조사한다. 자원이 가진 역사적, 문화적 배경을 상세히 기록하고 관련된 전설, 민담 또는 지역 주민들의 이야기를 추가로 수집한다. 수집한 정보를 바탕으로 자원만의 이야기를 만든다. 스토리는 간결하고 흥미로운 방식으로 정리하며 지역 주민이나 방문객이 쉽게 이해할 수 있는 표현을 사용한다.

3. 현장 검토

자원의 활용 가능성을 평가하고 해당 자원이 관광 또는 문화 콘텐츠로 활용될 수 있는지를 검토한다. 유지보수 상태와 접근성을 확인한 후 현장을 직접 방문하여 필요한 정보를 수집한다. 그리고 함께 주변 시설, 교통, 안전성 등을 병행 조사하고, 개선이 필요한 부분이 있다면 기록해 둔다.

4. 전문가 검토

문화재 및 관광 전문가의 의견을 수렴한다. 자원의 가치를 평가하고 추가적인 제안을 받을 수 있으며, 지역의 인플루언서 또는 지역사회 리더와 논의한다. 그리고 지역 주민의 의견을 반영하고 공감대를 형성한 후 수집한 의견을 정리하여 최종 계획에 반영한다.

> ※ 참고 사항
>
> - 모든 과정에서 지역 주민의 참여를 유도한다. 그 이유는 주민들의 이야기와 제안이 자원의 가치를 더욱 풍부하게 만들기 때문이다.
> - 정리된 자료는 보고서 형태로 작성하여 관련 기관이나 관계자들과 공유한다.
> - 가이드라인을 유연하게 적용하여 지역 특성과 상황에 맞는 방식으로 진행한다.

이 가이드는 지역의 소중한 자산을 발굴하고, 이를 통해 문화적 가치를 높이는 데 도움을 줄 것이다.

4단계 : 벤치마킹 지역의 문화자산 연구 및 주민 선호도 조사 실행

1. 벤치마킹 사례 연구

• 국내외 성공적인 지역문화자산 연구사례 조사 : 국내외에서 성공적으로 운영 중인 지역문화자산 사례를 수집한다.

• 주요 성공 요인 분석 : 수집된 사례의 주요 성공 요인을 파악하고 운영 방식, 자금 조달, 주민과의 협력 구조 등을 분석하여 실행 가능한 요소를 정리한다.

2. 주민 설문조사 및 워크숍

① 주민 설문조사 계획 수립

• 설문 대상 : 지역 주민, 연령대별로 고르게 포함한다.

• 설문 내용 : 지역문화자산에 대한 선호도, 개선 요구사항, 참여의지 등.

• 설문 방식 : 온라인 설문조사와 오프라인 설문조사를 병행하여 진행한다.

② 설문조사 실행

주민들에게 설문조사 참여를 독려하기 위해 지역 커뮤니티, SNS(소셜미디어), 현수막 등을 활용한다.

오프라인 설문은 주민들이 자주 이용하는 장소(예 : 주민센터, 도서관 등)에 설문지를 배포하고 회수한다.

③ 주민 워크숍 진행

설문조사 이후, 결과를 바탕으로 주민 워크숍을 개최한다. 워크숍에서는 설문 결과를 공유하고, 추가 의견을 수렴한다. 주민들이 직접 아이디어를 제안하고 논의할 수 있는 시간을 제공한다.

3. 타깃 분석

설문 결과 분석 : 연령대별, 세대별, 직업별 등 다양한 기준으로 설문 결과를 분류하고 각 그룹별로 주요 니즈와 선호도를 정리한다.

4. 분석 결과 공유

분석 결과를 인포그래픽, 표, 보고서 형식으로 정리하여 주민들과 공유하며 주민들에게 피드백을 요청하여 추가적인 의견을 반영할 수 있도록 한다.

5. 실험적 프로그램 운영

① 초기 테스트형 문화 이벤트 기획

설문조사 및 워크숍 결과를 바탕으로 실험적인 문화 프로그램을 기획한다. (예 : 소규모 전시회, 지역 특산물을 활용한 체험 프로그램, 야외 공연 등)

② 실험적 프로그램 실행

주민들이 쉽게 참여할 수 있도록 접근성과 홍보를 강화하고 참여 인원, 반응, 개선점 등을 기록한다.

③ 실효성 평가 및 개선

프로그램 종료 후, 참여자들의 의견을 수집하여 평가를 진행한다. 그리고 개선 사항을 반영해 다음 단계의 프로그램을 준비한다.

6. 추가 참고사항

모든 과정에서 주민들의 참여와 의견을 최우선으로 고려하며 주민들과의 지속적인 소통을 위해 정기적인 소식지 발송이나 온라인 커뮤니티를 활용한다. 결과를 바탕으로 지역문화자산의 방향성과 장기적인 계획을 수립한다.

5단계 : 지역 대표 문화자산 선정

이 단계에서는 지역문화자산을 선정하고 그 운영과 유지관리 방안을 구체적으로 세운다. 이를 위해 SWOT 분석, 비즈니스 모델 캔버스 작성, 운영 방향 설정 등을 통해 실질적인 계획을 수립한다.

1. SWOT 분석 : 후보 자산의 강점, 약점, 기회, 위협 요인 평가

SWOT 분석은 지역문화자산을 평가하고, 그 자산의 잠재력과 현재 상태를 정확히 파악하는 것이 중요하다.

- 강점(Strengths) : 문화자산이 가진 고유한 장점. 예를 들면 역사적 가치, 독특한 지역성, 주민들의 자부심 등
- 약점(Weaknesses) : 문화자산이 가진 단점이나 개선이 필요한 점, 예를

들면 시설 낙후, 접근성 부족, 관리체계 미비 등

- 기회(Opportunities) : 외부요인으로 발생할 수 있는 기회. 예를 들면 관광객 유입, 정부지원사업, 문화 프로그램 확대 등
- 위협(Threats) : 문화자산에 대한 위협 요소들. 예를 들면 자연재해, 경쟁 지역문화자산의 부각, 예산 부족 등

이 분석을 통해 문화자산의 가능성과 한계를 파악하고, 이를 바탕으로 운영 방안을 구체화한다.

2. 비즈니스 모델 캔버스 작성

비즈니스 모델 캔버스는 문화자산을 어떻게 관리하고 수익을 창출할지를 계획하는 도구이므로 아래 항목들을 구체적으로 작성한다.

- 핵심 활동 (Key Activities) : 문화자산의 유지를 위해 필요한 활동들을 나열한다. 예를 들어, 자산의 보수작업, 전시기획, 홍보활동 등이 있다.
- 핵심 자원 (Key Resources) : 문화자산 운영에 필요한 자원들을 정리한다. 인력, 예산, 기술적 자원 등을 포함한다.
- 가치 제안 (Value Proposition) : 문화자산이 지역사회나 방문객에게 제공하는 가치를 정의한다. 문화적 가치, 교육적 가치 등을 고려한다.
- 고객 분류 (Customer Segments) : 자산을 이용하는 주요 대상고객을 나열한다. 지역 주민, 관광객, 연구자, 학생 등 다양한 그룹을 고려할 수 있다.
- 채널 (Channels) : 자산의 가치와 프로그램을 전달할 채널을 정의한다. 온라인 홍보, 지역 행사, 커뮤니티 네트워크 등을 포함한다.

- 고객 관계 (Customer Relationships) : 고객과의 관계를 어떻게 유지할 것인지 계획한다. 예를 들어 SNS를 통한 소통, 프로그램 참여 유도 등이 있다.
- 수익원 (Revenue Streams) : 자산에서 발생할 수 있는 수익을 구체적으로 정의한다. 입장료, 기부금, 상품 판매 등 여러 방법을 고려한다.
- 비용 구조 (Cost Structure) : 자산 운영에 드는 주요 비용을 정의한다. 관리 비용, 인건비, 홍보비용 등이 포함된다.

7. 핵심 파트너 (Key Partners)	8. 핵심 활동 (Key Activities)	2. 가치 제안 (Value Proposition)	4. 고객 관계 (Customer Relationship)	1. 고객 분류 (Customer Segment)
	6. 핵심 자원 (Key Resource)		3. 채널 (Distribution Channel)	
9. 비용 구조 (Cost Structure)			5. 수익 흐름 (Revenue Stream)	

비즈니스 모델 캔버스 양식 사례 (출처 : 구글)

3. 운영 방향 설정

운영 방향을 설정하여 자산의 효율적인 관리를 목표로 한다.

- 수익창출 모델 : 자산을 어떻게 수익성 있게 운영할 것인지에 대한 구체적인 방법을 설계한다. 예를 들어 자산을 문화관광지로 개발하여 입장료를 받거나 지역 행사와 결합하여 추가 수익을 창출하는 방법이 있다.

- 커뮤니티 참여 계획 : 지역 주민들의 참여를 유도할 방법을 계획한다. 자원봉사 프로그램, 지역 주민의 의견을 반영한 문화행사, 주민들과 협력하는 방식 등 다양한 참여 방법을 구상한다.

4. 우선순위 설정

마지막으로, 선정한 문화자산 중에서 지역적 차별성이나 잠재적 성장 가능성 등을 기준으로 우선순위를 설정한다.

- 지역적 차별성 : 해당 자산이 다른 지역 자산들과 비교하여 어떤 면에서 독특한지 평가한다. 예를 들어 지역 고유의 전통문화나 자연환경을 고려할 수 있다.
- 잠재적 성장 가능성 : 자산이 향후 발전 가능성이 있는지, 예를 들어 관광객 유치 효과나 문화 프로그램 확장의 가능성을 평가한다.

이 과정에서 각 자산이 지역에 미칠 긍정적인 영향을 고려하여 최종적으로 선정된 문화자산을 확정한다.

이와 같은 순서로 실행하면, 각 지역의 특성을 반영하고, 실효성 있는 지역 대표 문화자산을 선정할 수 있을 것이다.

6단계 : 주민과 함께 하는 문화자산 활용 기획

1. 시범 시행 : 소규모 이벤트, 파일럿 프로그램 운영

문화자산을 활용한 활동을 주민들이 체험하고, 그 효과를 미리 검증하기 위해 소규모 이벤트와 파일럿 프로그램을 먼저 운영한다.

- 지역 내 소규모 행사나 워크숍을 기획하여 주민들에게 새로운 문화 자산을 소개한다.
- 프로그램에 참여하는 주민들의 피드백을 수집하여 개선할 점을 파악한다.
- 성공적인 프로그램은 점차 확장 가능성을 검토한다.

2. 진입기 : 지역 기업, 주민, 단체 협력을 통한 자산 확산

문화자산 활용을 지역 주민, 기업, 단체와의 협력을 통해 널리 확산시킨다.

- 지역 기업과 주민 단체에 프로그램 참여를 유도하고, 자산 활용 방안을 논의한다.
- 다양한 협력 방안을 모색하여 상호 이익이 될 수 있는 방법을 찾아낸다.
- 협력 네트워크를 활성화하여 지역 주민들이 지속적으로 문화자산을 활용할 수 있도록 지원한다.

3. 성장기 : 타 지역 및 국제적 확장 전략 수립

문화자산 활용의 범위를 타 지역 및 국제적으로 확장하는 전략을 세운다.

- 지역 외부의 전문가나 다른 지역의 사례를 분석하여, 확장 가능성을 평가한다.
- 국제적인 교류 프로그램이나 이벤트를 기획하여 다른 문화권과의 연

계점을 찾는다.

- 타 지역의 경험을 바탕으로 맞춤형 전략을 개발하고, 확장할 준비를
한다.

4. 정착기 : 자산 브랜드화 및 지속적 관리체계 마련

문화자산을 하나의 브랜드로 정착시키고, 지속적으로 관리할 수 있는
체계를 마련한다.

- 문화자산을 상징하는 브랜드 아이덴티티를 확립하고 이를 위한 로
고, 색상, 슬로건 등 비주얼 요소를 개발한다.
- 자산관리 계획을 세워, 장기적으로 브랜드가 지속될 수 있도록 관리
방안을 마련한다.

5. 브랜드 개발

① 핵심 콘셉트 도출 : 지역 정체성 기반

문화자산의 브랜드를 형성할 때, 지역 고유의 정체성을 반영하는 핵심
콘셉트를 도출한다.

- 지역의 역사, 전통, 특성을 분석하여 고유한 정체성을 정의하고 이를
기반으로, 브랜드의 정체성과 방향성을 설정한다.
- 핵심 콘셉트는 주민들의 공감을 얻을 수 있도록 지속적으로 다듬어
간다.

② 비주얼 요소 : 컬러, 로고, 키워드 개발

브랜드가 쉽게 인식될 수 있도록 시각적 요소를 개발한다.

- 지역의 상징적인 색상이나 형태를 활용해 컬러와 로고를 디자인한다.
- 브랜드의 메시지를 간결하게 전달할 수 있는 키워드를 선정한다.
- 비주얼 요소는 주민들의 의견을 반영하여 다듬고, 점차 공공장소에 적용한다.

③ 커뮤니케이션 전략 : 주민 대상 설명회 및 참여 플랫폼 구축

주민들에게 문화자산 브랜드의 의미와 참여 방법을 효과적으로 전달한다.

- 주민들이 이해하고 참여할 수 있도록 다양한 설명회를 개최한다.
- 주민들이 적극적으로 참여할 수 있는 플랫폼을 구축하여, 의견을 나누고 활동에 참여할 수 있도록 유도한다.
- 온라인 및 오프라인 채널을 통해 주민들과의 지속적인 소통을 이어간다.

이 계획을 단계별로 실행하면, 지역문화자산을 효과적으로 활용하고, 주민들과의 협력적 관계를 구축하며, 브랜드로서 성장할 수 있다.

7단계 : 단계별 실행 계획

1. 세부 추진 계획

- 목표 설정 및 추진 항목 : 프로젝트의 각 항목에 대해 구체적인 목표

를 설정하고, 이를 달성하기 위한 계획을 세운다.

- 시작/완료 시점 명시 : 각 항목별로 시작일과 완료일을 명확하게 설정하여 프로젝트 일정에 차질이 없도록 한다. 예를 들어, '홍보자료 제작' 항목은 '2월 1일 시작, 2월 10일 완료'와 같이 구체적인 날짜를 설정한다.

2. 운영/관리 계획

- 관리 주체 지정 : 프로젝트의 전반적인 진행을 담당할 관리 주체를 지정하며 이 주체는 프로젝트의 진행 상황을 총괄하고 조정하는 역할을 한다.
- 책임자 지정 : 각 세부 항목마다 책임자를 지정하여 각 항목이 원활하게 진행될 수 있도록 한다. 예를 들어, '마케팅 전략' 항목의 책임자는 마케팅 팀의 팀장이 될 수 있다.
- 역할 분담 : 각 팀원들의 역할을 분명히 나누어, 각자가 맡은 업무를 제대로 수행할 수 있도록 한다. 예를 들어, 한 사람은 예산 관리, 다른 사람은 미디어 콘텐츠 제작을 담당하는 방식으로 역할을 나눈다.

3. 마케팅, 홍보 계획

- 지역 내외 홍보 채널 활용 : 온라인(SNS, 웹사이트 등)과 오프라인(지역 이벤트, 전단지 배포 등) 채널을 활용하여 프로젝트를 적극적으로 홍보한다. 이를 위해 SNS 광고, 지역 커뮤니티 이벤트 등을 기획하여 목표한 대로 홍보활동을 전개한다.
- 미디어 및 콘텐츠 제작 : 마케팅 전략에 맞는 미디어 콘텐츠(영상, 이

미지, 글 등)를 제작하여 다양한 홍보 채널에 맞게 배포한다. 콘텐츠는 각 채널의 특성에 맞춰 제작하고, 홍보 효과를 극대화할 수 있도록 한다.

4. 재정 계획

- 소요예산 책정 : 프로젝트에 필요한 예산을 구체적으로 계산한다. 예산 항목은 마케팅 비용, 인력 비용, 물자 비용 등으로 나누어 상세히 설정한다.
- 투자유치 방안 : 필요한 자금을 확보하기 위해 투자자나 후원자를 유치할 방안을 모색한다. 예를 들어 투자 설명회를 개최하거나 기업의 후원을 받을 수 있도록 하는 방법을 고민한다.
- 재무관리 방안 : 프로젝트 진행 중 예산이 초과되지 않도록 재정관리를 철저히 한다. 예산이 과다하게 사용되지 않도록 항목별 예산을 관리하고, 경과기간 동안 예산 사용 상황을 정기적으로 점검한다.

위의 내용을 바탕으로 각 항목별로 계획을 세우고 실행을 위해 필요한 준비를 철저히 한다.

8단계 : 기대효과 세부 추진 계획

1. 지역경제 활성화

- 목표 : 지역의 문화자산을 중심으로 창업과 지역 상권을 활성화한다.

- 실행 방법 : 지역 내 전통문화, 예술, 특산물을 활용한 창업 아이템을 발굴하고, 이를 지역 상점들과 연계하여 지역경제의 순환을 촉진한다. 예를 들어 전통공예품을 판매하는 가게나 지역 음식점 등이 창업 아이템으로 활용할 수 있다.
- 성과 지표 : 창업 업체수의 증가, 지역 매출 증대 등을 통해 경제 활성화 효과를 측정한다.

2. 관광객 증가

- 목표 : 연간 관광객 수를 증가시킬 수 있는 프로그램을 개발한다.
- 실행 방법 : 지역 특유의 매력을 살릴 수 있는 관광 프로그램을 개발하고, 그에 맞는 마케팅을 통해 관광객을 유치한다. 예를 들어 지역 축제나 문화체험 프로그램을 기획하여 방문객을 유도한다. 또한 SNS를 통한 홍보활동을 강화하여 인지도를 높인다.
- 성과 지표 : 관광객 방문자수 증가와 지역의 관광 매출 증대를 통해 관광 활성화 효과를 분석한다.

3. 일자리 창출

- 목표 : 직접 고용과 간접 고용을 창출, 지역 주민들에게 일자리를 제공한다.
- 실행 방법 : 관광업과 이벤트 분야에서의 일자리 창출을 위해 관광안내소 운영, 행사기획 및 운영인력을 모집한다. 또한, 지역 상점과의 협력을 통해 일자리를 연계할 수 있다.
- 성과 지표 : 고용된 인력수와 그들의 소득 증가를 통해 일자리 창출

효과를 측정한다.

4. 지속적 성장 동력 마련

- 목표 : 지역의 정체성을 확립하고 글로벌 경쟁력을 강화하여 지속 가능한 발전을 도모한다.
- 실행 방법 : 지역 특성에 맞는 브랜딩과 마케팅을 통해 지역 정체성을 세계에 알리고, 글로벌 시장에 대한 접근을 강화한다. 예를 들어 지역문화 콘텐츠의 국제전시회 참여, 해외관광객 유치를 위한 프로그램 등을 추진한다.
- 성과 지표 : 지역 브랜드 인지도 상승, 국제적인 협력 기회 증가 등을 통해 성장 가능성을 평가한다.

각 항목은 순차적으로 실행하면서 시너지를 낼 수 있도록 추진되며, 각 단계별로 중간 점검과 피드백을 통해 지속적으로 개선해야 한다.

지역문화자산 발굴 프로세스 1~8단계별 요약 및 사례

1단계 : 지역 돌아보기

- 데이터 수집 : 지역 인구통계, 경제성장률, 인구이동 현황, 고령화/청년층 비율 등 조사.
- 현황 분석 : 지역 내 산업 구조 및 경제활동 파악.
- 현지 조사 : 주요 거점지역 방문, 지자체 및 지역 주민 인터뷰.

• 문제점 파악 : 경제적, 사회적, 문화적 문제 도출.

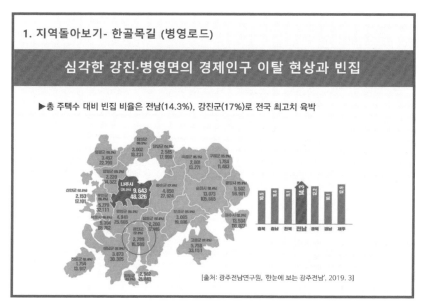

(출처 : 도시재생 뉴딜 주민참여 프로젝트 결과보고서)

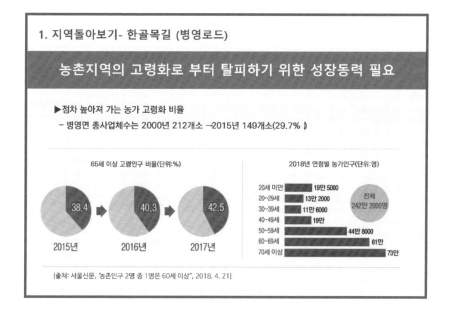

2 단계 : 지역 이슈, 키워드 발굴

- 트렌드 분석 : 글로벌 및 국내 트렌드 파악(사회문화적 변화, 환경 문제 등)

- 로컬 아이템 탐색 : 지역 고유의 자연환경, 전통, 음식, 특산물, 축제 조사

- 연결 가능성 검토 : 기존 지역 자산과 새로운 트렌드 융합 가능성 확인

- 소셜 리스닝 : SNS 및 포털 키워드 분석을 통한 대중 관심사 확인

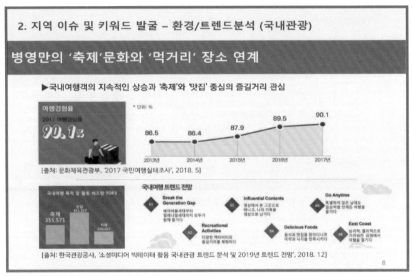

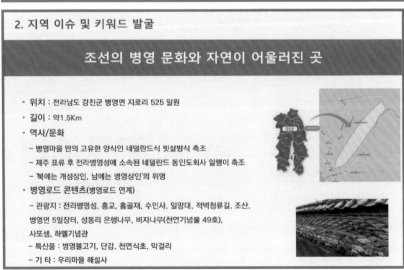

3단계 : 지역 스토리가 있는 문화자산 선정

- 후보군 설정 : 지역 역사, 전통, 관광자원, 특산품 중 스토리가 있는 자산의 리스트업.
- 스토리텔링 : 각 자산의 고유한 역사적/문화적 배경을 스토리로 정리.
- 현장 검토 : 자산의 활용 가능성 및 인프라(접근성, 유지보수) 조사.
- 전문가 검토 : 문화재, 관광 전문가 및 지역 인플루언서 의견 반영.

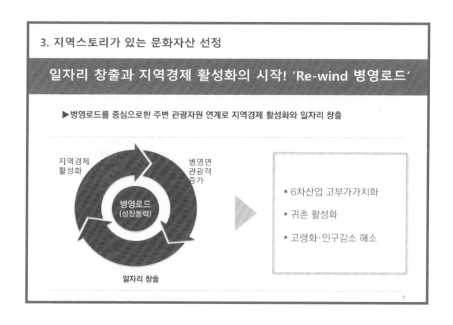

4단계 : 벤치마킹 지역의 문화자산 연구 및 주민 선호도 조사

- 벤치마킹 사례 연구 : 성공적인 국내외 지역문화자산 사례 분석.
- 주민 설문조사 및 워크숍 : 주민들이 선호하는 자산 및 개선 요구사항 조사.

- 타깃 분석 : 설문 결과를 바탕으로 연령대별, 세대별 니즈 파악.
- 실험적 프로그램 : 초기 테스트형 문화 이벤트를 통해 실효성 평가.

5단계 : 지역 대표 문화자산 선정

- SWOT 분석 : 후보 자산의 강점, 약점, 기회, 위협 요인 평가.
- 비즈니스 모델 : 캔버스 작성
- 핵심 활동 : 자산 유지 및 홍보 활동.
- 운영 방향 : 수익 창출 모델, 커뮤니티 참여 계획.
- 우선순위 설정 : 지역적 차별성, 잠재적 성장 가능성을 기준으로 최종 자산 선정.

5. 지역 대표문화자산 선정 – SWOT분석

'병영' 컨셉 차별화를 통한 역사·문화 체험 경쟁력 제고

▶'병영로드'비즈니스모델 구축 방향 : WO(약점극복)전략과 SO(장점강화) 전략 중심

Strength (내부강점)	Weakness (내부약점)
· 시야가 넓은 수려한 자연환경(직벽청류/수인사/조산)	· 콘텐츠간 접근성이 떨어짐
· 역사성과 스토리가 풍부함(병영성/하멜)	· 관광 인지도가 미약함
· '병영'의 중복 컨셉이 없음(콘텐츠 차별화)	· '힐것(레포츠 등)'에 대한 콘텐츠 부재
· 빈집 활용 가능(임대 등)	· 평일 관광객 유입이 거의 없음
	· 관광/홍보 전문가 부재
Opportunity (외부기회)	**Threat (외부위협)**
· 국내여행 관광객 수 성장	· 온라인을 통한 기존 유명 관광지의 마케팅 경쟁 치열
· 전라병영성 축제 확대	· 관광객의 기대심리 상승(서비스 Gap 발생)
· 강진군의 적극적인 지원(대지/물적자원)	· 전통적 마케팅 방법의 트렌드 변화(FIT 증가/여행사 이
· 2019 올해의 관광도시 '강진군'선정(홍보연계)	용률 감소)

5. 지역 대표문화자산 선정 – 비즈니스 모델 캔버스

「병영로드」 비즈니스 모델 캔버스

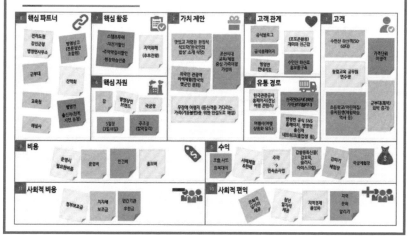

6 단계 : 주민과 함께 하는 문화자산 활용 기획

단계별 전략

시범 시행 : 소규모 이벤트, 파일럿 프로그램 운영.

• 진입기 : 지역 기업, 주민, 단체 협력을 통한 자산 확산.

• 성장기 : 타 지역 및 국제적 확장 전략 수립.

• 정착기 : 자산 브랜드화 및 지속적 관리 체계 마련.

브랜드 개발

• 핵심 콘셉트 도출 : 지역 정체성 기반.

• 비주얼 요소 : 컬러, 로고, 키워드 개발.

• 커뮤니케이션 전략 : 주민 대상 설명회 및 참여 플랫폼 구축.

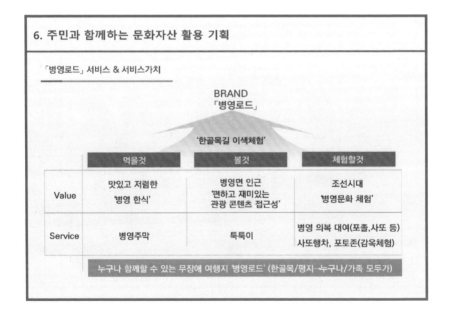

6. 주민과 함께하는 문화자산 활용 기획

차별화된 '병영주막' 체험을 중심으로 주변 관광 코스를 '툭툭이'로 연계

▶타 관광지에 없는 병영로드 만의 '병영주막' 핵심 콘텐츠화 (차별화된 '먹을것', '체험공간', '쉴곳' 제공)
▶'툭툭이'를 활용한 병영주막과 인근 관광코스 접근성 제고

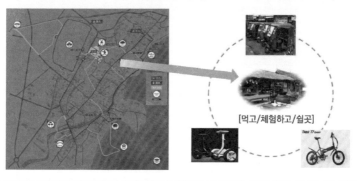

[먹고/체험하고/쉴곳]

---

6. 주민과 함께하는 문화자산 활용 기획 – 브랜드 개발

「병영로드」 브랜드 아이덴티티

▶브랜드 컨셉 : 병영 군사와 병영상인의 활력과 임금에 대한 충심
▶브랜드 칼라 : 활동성과 즐거움을 나타내는 주황
▶브랜드 키워드 : 활력있는, 번영된, 충심있는

활력있는	번영된	충심있는
병영이라는 특색 힘있는 군사	병영상인 활발한 무역	외세침략에 대한 분노 임금을 향한 충성심

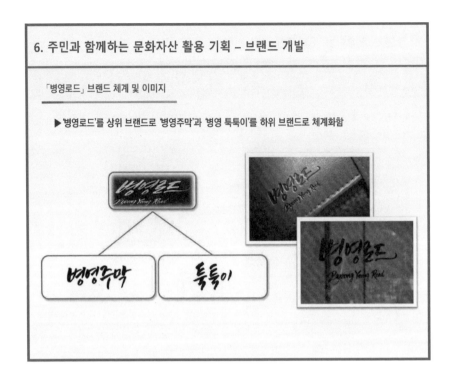

6. 주민과 함께하는 문화자산 활용 기획 – 브랜드 개발

「병영로드」 브랜드 체계 및 이미지

▶'병영로드'를 상위 브랜드로 '병영주막'과 '병영 툭툭이'를 하위 브랜드로 체계화함

7 단계 : 단계별 실행계획

① 세부 일정 수립 : 추진 항목별 시작/완료 시점 명시.

② 운영/관리 계획 : 관리 주체, 책임자 지정 및 역할 분담.

③ 마케팅/홍보 계획

• 지역 내외 홍보 채널(온라인/SNS, 오프라인 캠페인) 활용.

• 미디어 및 콘텐츠 제작.

• 재정 계획 : 소요 예산 책정, 투자 유치 방안 및 재무 관리 방안.

7. 단계별 실행계획

「병영로드」 단계별 Target 설정

▶현재 가능한 인바운드 타킷 중심 서비스 후, 점진적 홍보를 통한 「병영로드」 고객 확대

[1단계 : 진입기]	[2단계 : 성장기]	[3단계 : 정착기]

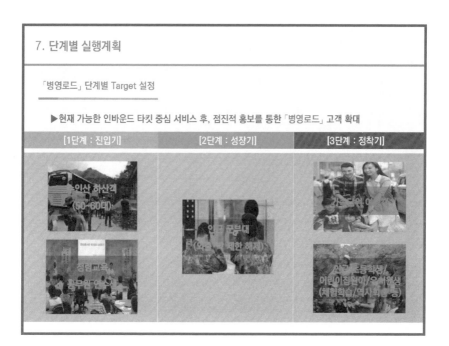

7. 단계별 실행계획

「병영로드」 단계별 실행계획

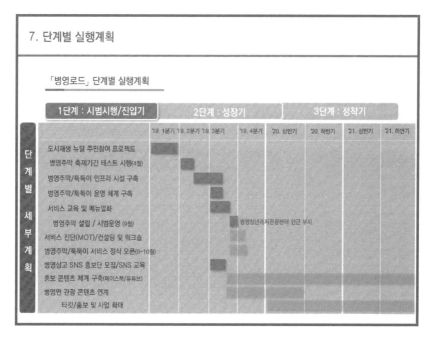

7. 단계별 실행계획

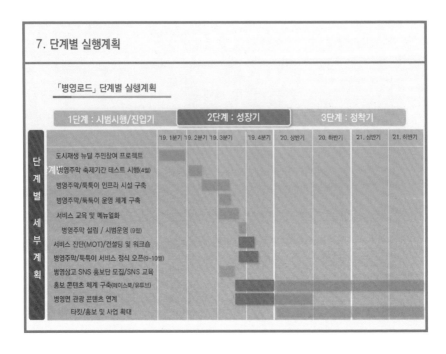

「병영로드」 단계별 실행계획

	1단계 : 시범시행/진입기	2단계 : 성장기	3단계 : 정착기

단계별 세부계획

	'19. 1분기	'19. 2분기	'19. 3분기	'19. 4분기	'20. 상반기	'20. 하반기	'21. 상반기	'21. 하반기
도시재생 뉴딜 주민참여 프로젝트								
병영주막 축제기간 테스트 시행(4월)								
병영주막/툭툭이 인프라 시설 구축								
병영주막/툭툭이 운영 체계 구축								
서비스 교육 및 메뉴얼화								
병영주막 설립 / 시범운영 (9월)								
서비스 진단(MOT)/컨설팅 및 워크숍								
병영주막/툭툭이 서비스 정식 오픈(9-10월)								
병영상고 SNS 홍보단 모집/SNS 교육								
홍보 콘텐츠 체계 구축(페이스북/유튜브)								
병영면 관광 콘텐츠 연계								
타킷/홍보 및 사업 확대								

---

7. 단계별 실행계획

「병영로드」 단계별 실행계획

	1단계 : 시범시행/진입기	2단계 : 성장기	3단계 : 정착기

단계별 세부계획

	'19. 1분기	'19. 2분기	'19. 3분기	'19. 4분기	'20. 상반기	'20. 하반기	'21. 상반기	'21. 하반기
도시재생 뉴딜 주민참여 프로젝트								
병영주막 축제기간 테스트 시행(4월)								
병영주막/툭툭이 인프라 시설 구축								
병영주막/툭툭이 운영 체계 구축								
서비스 교육 및 메뉴얼화								
병영주막 설립 / 시범운영 (9월)								
서비스 진단(MOT)/컨설팅 및 워크숍								
병영주막/툭툭이 서비스 정식 오픈(9-10월)								
병영상고 SNS 홍보단 모집/SNS 교육								
홍보 콘텐츠 체계 구축(페이스북/유튜브)								
병영면 관광 콘텐츠 연계					하멜전시관 (4월 예정)			
타킷/홍보 및 사업 확대					김순라씨 텃밭 일대			

7. 단계별 실행계획

'병영주막' 운영/관리 계획

▶위치 : 청년관광레저센터 부지

▶운영일 : 공휴일/주말(시범시행/진입기, 성장기) → 평일 선택적 확대(정착기)

▶운영시간 : 10:00 ~ 22:00

▶

부문	진입기, 성장기 (시범/운영체계 구축)	정착기 (자체독립 사업)	
	2019	2020	2021
안내/홀서빙	2	3	3.5
주방	2	2	2.5
카운터	1	1	1
합계	5(주민)	6	7

▶판매/서비스

– 식사류(2종), 안주류(3종), 술(판매3종/선물용2종)

▶부가 서비스

– 2019년) 서예체험&판매(가훈/외국인 이름 써주기)

– 2020년) 의복/장신구 대여 서비스(포졸복, 사또복 등)

---

7. 단계별 실행계획

'병영주막' 운영/관리 계획

▶메뉴 및 가격

구분		원가	판매가	비고
식사류	포졸 주먹밥	0000	0000	밥+김
	사또 비빔밥	0000	0000	밥+고기+나물
술	설성막걸리	0000	0000	
	친환경 막걸리	0000	0000	
	동동주	0000	0000	
	병영소주	0000	0000	선물용
	사또주	0000	0000	선물용
안주류	연탄불고기	0000	0000	양념+고기+야채
	두부김치	0000	0000	두부반모+김치+고기
	파전	0000	0000	밀가루,부침가루+야채+오징어
		0000	0000	
	도토리묵	0000	0000	도토리묵 반모+야채

* 기타 감호떡, 감슬러시, 감아이스크림 등 개발 후 판매

7. 단계별 실행계획

'병영 툭툭이' 운영/관리 계획

▶운영일 : 공휴일/주말(시범시행/진입기, 성장기) → 평일 선택적 확대(정착기)

▶운영시간 : 10:00 ~ 17:00

▶부문별 소요 인력

부문	진입기, 성장기 2019	정착기 2020	2021
안내/대여	2(2교대)	3	3.5
(예약)접수/카운터	1	1	1
정비/고장수거 등	2(2교대)	2	2.5
합계	5(주민1, 학생4)	6	7

▶서비스

   – 종류 : 툭툭이, 전기자전거, 스마트모빌리티

   – 대여료 : 시간당 5,000 ~ 10,000원

---

7. 단계별 실행계획

마케팅/홍보 계획

▶초기의 인/아웃바운드 네트워크 마케팅에 집중, 이후 정기적인 콘텐츠 구축과 이를 통한 통합마케팅 실시

	진입기(~'19, 3분기)	성장기('19, 4분기)	정착기('20~)
주요전략	인바운드 네트워크 마케팅	아웃바운드 네트워크 마케팅 SNS 홍보용 콘텐츠 구축	통합마케팅 매체확대
대상/매체	수인산 하산객(50~60대) 청렴교육 공무원 연수생 병영면 출신자(친척/동창)	산악회 인근 군부대 (외출/외박 제한 해제) 페이스북, 뷰튜브, 인스타그램	가족단위 여행객 인근 초등학생/어린이집/ 유치원생(체험/역사학습)
주요방법	홍보물(전단지 등) 제작 이동식 안내물(X배너 등)	이벤트 할인쿠폰 제작 병영상고 SNS 홍보단 운영	통합마케팅 매체확대(한국관광공사 외)

8단계 : 기대효과

• 지역경제 활성화 : 문화자산 중심의 창업 및 지역 상권 활성화.

• 관광객 증가 : 연간 방문객수 증가를 목표로 한 프로그램 개발.

• 일자리 창출 : 직접적 고용 효과(관광업, 이벤트) 및 간접적 고용 창출.

• 성장동력 마련 : 장기적 관점에서 지역 정체성 확립과 글로벌 경쟁력 강화.

PART 5

로컬 콘텐츠 기획의
단계적 접근과
지속성 강화

로컬 콘텐츠 기획 1단계 : 현장조사

'현장에 답答이 있다'는 말이 있다. 문제를 해결하기 위해서는 반드시 현장에 나가야 한다는 것이다. 과거에는 왕이 민심을 살피기 위해 잠행을 다니며 백성들의 생활을 살펴보는 일이 있었다. 이는 현실 파악과 문제해결을 위해 민생의 현장방문이 중요했기 때문이다.

대부분의 사람들이 로컬문화기획을 시작하게 되면 제일 먼저 노트북을 열거나 스마트폰을 켜고 포털에 검색어를 치고 자료를 찾으며 기획을 시작하려고 한다. 하지만 인터넷 검색, 나아가 생성형 AI를 통해 자료를 찾으면 누구나 동일한 결과를 얻게 되어 지역만의 차별화된 로컬문화기획을 할 수 없게 된다. 검색을 통해서는 콘텐츠 기획의 생명인 '차별화'는 거둘 수 없는 것이다.

차별화된 아이템을 얻고 정확한 현장의 이야기를 수렴해 기획에 반영하기 위해서는 반드시 현장방문을 통한 시장조사를 하며 고객을 만나 생생한 의견을 들어야 한다. 즉 기획의 출발은 시장조사에 있으며, 매력적인 로컬 콘텐츠 기획을 하기 위해서는 현장에서 청취한 고객의 의견이 반드시 반영되어야 한다. 이를 위해 현장을 방문할 때에는 반드시 사전에 질문지를 준비하여 고객을 만날 때 의견을 청취하고, 조사를 마친 후에는 고객의 행동을 분석하여 기획에 반영해야 성공적인 결과를 얻게 된다.

탁상공론이라는 말이 있다. 아무리 바빠도 현장에 나가 문제를 발견하고 해결책을 찾아야 한다. 아무리 아이디어가 좋은 기획이라 해도 현장의 목소리가 반영되어 있지 않으면 실패하게 된다. 매력적인 로컬 기획을 위해서는 현장에 답이 있음을 반드시 기억해야 할 것이다.

현장조사의 목적

1. 현장의 목소리 청취

현장은 기획의 대상이 되는 고객, 경쟁사 등으로 이루어져 있다. 이들의 관심사와 동향을 파악하는 것이 현장조사의 첫 번째 목적이다.

시장의 목소리를 듣는 방법은 여러 가지가 있다. 기본적으로 전화조사, 설문조사 등의 방법이 있으며, 요즘 같은 소셜 미디어의 시대에는 카카오톡, 네이버폼, 구글폼 등을 활용할 수도 있다.

로컬 기획자는 지역을 돌아보며 현장조사를 통해 기획 대상(타깃)의 관심사(기호)와 움직임(동향)을 파악하기 위해 현장과 관련된 살아 있는 데이터를 수집해야 한다.

현장의 목소리를 듣기 위해서는 인터뷰가 좋은 방법이다. 직접 인터뷰가 어려울 경우에는 각 분야의 전문가가 쓴 책을 참고하며 어떻게 로컬 콘텐츠 기획에 적용할지 참고할 수 있다. 즉 책을 통해 생생한 경험과 조언을 듣는 것도 로컬 기획의 아이템을 얻을 수 있는 좋은 방법이다.

2. 문제점 도출과 해결책 찾기

책상에 앉아 PC만 보면서는 기획의 답을 얻을 수는 없다. 문제점을 해결하기 위해서는 반드시 현장을 방문해야 하고 그 현장에서 해결책으로서 새로운 아이디어를 발견할 수 있다.

로컬 기획의 중요한 포인트가 기획에 고객의 의견을 반영하는 것이다. 아무리 인터넷이 발달하더라도 현장에서 직접 고객의 반응과 목소리를 듣는 과정은 꼭 필요하다. 또 현장에 가보면 사무실에서는 발견할 수 없었던 생동감 넘치는 아이디어를 얻을 수 있다. 현장의 방향과 흐름을 알 수 있는 유행과 트렌드를 발견하기 위해서는 유동인구가 많은 밀집지역(번화가)을 방문하는 것이 좋다. 사람들이 무엇에 관심을 가지고 어떤 상품, 서비스, 콘텐츠에 눈길을 한 번 더 주는지에 대해 살펴보고 직접 경험을 해보면 고객 지향적인 현장 밀착형 콘텐츠 기획을 할 수 있다.

3. 로컬 문화기획의 아이템 수집

현장조사를 하게 되면 만나는 사람들을 통해 기획할 콘텐츠에 대한 다양한 자료들을 수집하게 된다. 자료는 새로운 콘텐츠, 신규 서비스, 마케팅 활동, 조직 운영 등 다양한 종류의 유무형 정보를 말한다. 현장에서 수집한 자료를 기획에 잘 활용하기 위해서는 추진할 기획과 고객 입장을 고려하여 적절하게 변형하여 사용 방법을 결정하는 것이 중요하다.

라이프스타일 제안으로 주목받는 츠타야(TSUTAYA, 蔦屋)는 일본 회사 '컬처 컨비니언스 클럽(CCC)'이 운영하는 서점으로 단순히 책을 파는 것에서 그치지 않고 음반, DVD, 책, 가전 등을 렌탈해 주고 판매도 하는 매장이다. 츠타야는 책을 파는 서점이 아닌 사람이 모이는 공간을 중요시 하며 전국적으로 획일적인 매장이 아닌 지역의 지리적, 문화적 특성을 반영하여 로컬 고유의 색을 살린 매장을 만들고 있다. 특히 코로나시대를 거치며 '병설' 매장도 만들어 지역 커뮤니티를 활성화 시키고 있다. 이처럼 현장조사를 통해 우리는 고객과 시장의 생생한 목소리를 들음으로써 로컬만의 차별화된 기획을 할 수 있는 기회를 발견하게 되고 아이템을 얻을 수 있다.

현장을 읽기 위해 보아야 할 3가지

현장은 지역, 고객(타깃), 경쟁자로 이루어진다. 이중 가장 중요한 것이 고객이다. 우리가 현장을 읽기 위해서는 3가지를 보아야 하는데, 타깃고객을 중심으로 시장 환경인 트렌드, 경쟁자의 동향 파악이 우선이다.

첫 번째로 보아야 할 것이 타깃 고객이다. 로컬 기획의 목표가 되는 고객에 대한 분석을 통해 그들이 원하는 것(Needs)을 파악해야 한다.

1. 타깃(목표고객) 분류

현장을 읽기 위해 첫 번째로 보아야 할 것은 타깃, 목표고객에 대한 분석이다. 타깃은 로컬문화기획의 대상으로 콘텐츠를 향유할 사람이다.

식생활 개선 및 의학의 발달로 초고령화 사회로 진입하면서 UN에서 새로운 연령 구분을 발표하였다. UN에서는 세계 인류의 체질과 평균수명을 측정하여 한 살에서 17살까지를 미성년자, 18세부터 65세까지 청년, 66세부터 79세까지 중년, 80세부터 99세까지 노년, 100세 이상을 장수노인으로 연령 분류의 새로운 표준 규정을 5단계로 나누었다. 미국 시

사주간지 〈타임〉에 따르면 2015년에 태어난 아이는 142살까지 산다고 하니 새로운 연령 구분은 더 상향 조정될 것으로 보인다.

이러한 연령 구분과 더불어 최근 주목받은 고객들이 있다. 우리나라의 BIG4 세대로 베이비부머세대, 싱글세대(1인가구), 밀레니얼세대, Z세대가 있다. 이들은 향후 소비의 주요 대상으로 로컬문화기획에서 가장 먼저 주목해야 한다.

① 베이비부머세대

베이비부머세대는 1955년부터 1964년까지 태어난 세대로 대상인구는 780만 명. 전체인구의 15%이다. 이 세대는 6.25전쟁 후 출생자가 급증하는 베이비붐 시기에 태어나서 베이비부머세대로 불리게 되었다. 전쟁 후 출생으로 어렵지만 미래에 대한 기대가 컸던 세대 로 우리나라의 경제재건 시기의 주역인 세대로서 자부심이 매우 크다. 전반적으로 보수 안정적 성향이 있으나 이들 중 일부가 386세대로 80년대 학생운동을 한 진보세대도 포함된다. 지금은 60대 초중반으로 퇴직과 노후를 겪는 세대이고 이들 중 일부는 기성세대의 관성에서 벗어난 새로운 60대라는 의미에서 뉴식스티로 진화되었다.

이 세대는 이전 실버 세대와는 구분되는 뉴실버 세대로 새로운 특징을 갖고 있다. 이미지 측면에서는 밝고 유연하며 합리적이고 긍정적이다. 다양한 취미생활을 통해 여유롭고 즐거운 생활을 영위하려고 하며 변화에 대해 개방적으로 다른 세대와 소통하려고 노력한다. 콘텐츠적인 측면에서는 여가를 즐기고, 다양한 취미생활에 관심이 많으며 동호회 활동을 좋아하는 것에 주목해야 한다.

베이비부머세대를 위해서는 건강한 노후생활, 교육과 여행이 결합된 교육 탐험여행, 나이가 들어감에 따라 노후화되는 피부와 옷차림에 대한 아름다운 피부미용과 패션 제안, 살아온 경험을 정리하는 자서전 출판 등의 콘텐츠 기획이 필요하다.

② 싱글세대 (1인 가구)

싱글세대는 혼자 사는 1인 가구를 지칭하며, 젊은 층은 물론 이혼, 사별 등으로 혼자 생활하는 사람을 모두 포함한다. 싱글세대는 1990년대 1가구 4인에서 2000년대 1가구 2인을 거쳐 인구구조의 변화로 인한 새로운 가족형태를 말한다. 국내 1인 가구수는 2023년 기준 1인가구는 35.5%(783만 가구, 통계청)이고, 2050년 40%에 이를 것으로 전망하고 있다.

삼성경제연구소에서 발표한 1인 가구 4대 소비 트렌드는 소형, 효율, 안전, 자기관리다.

첫번 째 키워드는 '소형'으로 가구와 가전이 설치되어 있는 콤펙트형 원룸 주택의 수요 급증, 사이즈는 줄이되 성능은 그대로 유지하는 1인용 가전제품의 출시, 1인 가구에 맞게 소포장한 식품이나 생활용품 시장의 확대다.

두번 째 키워드는 '효율'로 제한된 주거공간을 효율적으로 사용하기 위한 빌트인 가전, 가변형 가구, 시스템 가구 등이 인기이며 간편하게 식사를 해결할 수 있는 레토르 식품시장의 성장이다.

세번 째 키워드는 '안전'이다. 여성과 고령 1인 가구를 중심으로 안전에 대한 관심이 높아져 소셜 미디어를 통한 정서적 안정을 돕는 메시징 서비스 수요가 증가하고 있다.

네번 째 키워드는 '자기관리'이다. 가족부양에 대한 의무가 없어 자기

관리와 개발을 위한 지출에 관대해져 외국어, 운동, 교양 등 성인학습시장이 확대되고 있다. 특히, 경제적으로 불황인 요즘에는 팍팍해진 살림 속에서 자신에게 가치를 줄 수 있는 상품과 콘텐츠를 골라 집중적으로 소비하는 나홀로 소비 트렌드가 늘고 있다. 이로 인해 맛있는 디저트를 통한 힐링, 혼술을 즐기는 낭만 족의 증가, 혼자 자유롭게 여행하는 것과 카쉐어링, 인테리어를 렌탈하는 시장이 증가하고 있다.

③ 밀레니얼세대

밀레니얼세대는 1984년에서 1999년 사이에 태어난 세대로 대상인구는 1,100만 명. 전체인구의 21%이다. 이 세대는 베이비부머세대의 자녀 세대로서 미래의 기성세대이자 경제, 소비의 중심세력으로 가장 큰 관심을 받고 있다. 밀레니얼세대는 새로운 천 년인 2000년대가 시작될 때의 첫 세대라는 의미로 밀레니얼세대란 이름이 붙었다.

이들의 특징으로는 소유보다 경험과 공유에 가치를 둔다는 것이다. 이들은 소비와 생산 활동 모두에서 향후 10년 동안 가장 큰 영향력을 가진 세대이다. 밀레니얼세대가 중요한 이유는 SNS를 중심으로 온라인, 모바일을 장악하며 트렌드를 만들고, 이를 통해 시장의 판도를 바꾸고 다른 사람의 소비에 큰 영향을 끼치기 때문이다.

밀레니얼세대의 주요한 소비 키워드는 공유, 취향 존중, 젠더 뉴트럴, 착한 소비, 친환경 5가지다.

첫 번째는 '공유'이다.

공유는 하나의 두 사람 이상이 공동으로 소유한다는 뜻이다. 공유를 즐겨하는 밀레니얼세대는 소유를 포기한 것이 아니라 소유의 방법을 업그레이드한 것이다.

카쉐어링, 쉐어하우스가 그 사례로 밀레니얼 세대는 차와 집을 버림으로써 얻을 수 있는 기회비용으로 새로운 소비에 더 적극적으로 투자하고 있다.

두 번째는 '취향 존중'이다.

밀레니얼세대 소비에서 가장 흥미로운 이슈가 바로 예쁜 쓰레기다. 어울리지 않을 법한 "예쁘다"라는 말과 쓰레기가 지금 시대에는 잘 어울리는 조합이 되었다. 필요와 실용성이 아닌 욕망 자체가 소비이기 때문이다. 피규어, 연필이나 필통, 텀블러, 컵받침, 심지어 쇼핑백까지 사 모은다. 그래서 다이소, 버터, 자주 등과 같은 라이프스타일 샵이 늘어났다.

세 번째는 '젠더 뉴트럴gender neutral'이다.

밀레니얼세대는 다양성을 존중하고 포용하며 젠더 뉴트럴을 소비한다. 젠더 뉴트럴의 사전적 의미는 남녀 구분 자체를 없애고 중립적으로 보아 사람 자체로만 생각하려는 움직임을 말한다. 기존의 성性 역할에서 벗어나 자신을 표현하고 성 역할에 고정되지 않은 나 자체로서의 삶을 영위하려는 트렌드가 반영되고 있다. 패션은 사회의 흐름을 반영한다. 명품 브랜드들이 남녀 통합 패션쇼로 대거 전환하고 뷰티업계에서도 다양성 존중이 필수가 된 시대이다.

네 번째 키워드는 '착한 소비'다.

착한 소비는 환경과 사회에 미치는 영향까지 충분히 고려해 상품이나 서비스, 콘텐츠를 구매하는 현상을 뜻한다. 밀레니얼세대의 영향으로 구찌는 모피 제품을 퇴출했고 샤넬도 이에 동참했다. 과거에는 패션을 소비하면서 윤리를 따지지 않았지만 사회적 진화로 이제는 확실히 윤리적 관점이 소비에서 중요한 코드가 되었다.

다섯 번째 키워드는 '친환경'이다.

각 기업부터 공공기관에서 포장재에서 기존에 쓰던 플라스틱과 비닐을 모두 없애고 대나무나 사탕수수로 만든 펄프 몰드나 종이로 바꿨다. 제품 배송을 할 때도 '뽁뽁이'라고 불리는 에어 캡 대신 벌집 모양의 종이 충전재를 사용하고 있다. 이러한 변화는 밀레니얼세대의 친환경 소비에 기인한다고 볼 수 있다. 밀레니얼세대가 좋아하는 구독, 살롱이란 키워드는 구독경제, 살롱문화 등 새로운 사회문화 현상을 만들어 냈다.

④ Z세대

Z세대는 2000년에서 2009년 사이에 태어난 세대로 대상인구는 520만 명, 전체 인구의 10%로 태어날 때부터 디지털세대이다. 디지털 네이티브(디지털 원주민)로 불리는 Z세대는 콘텐츠 소비 및 제품 구매 등 구매 의사 결정에 적극 참여하여 부모의 소비에 영향력을 행사한다. 디지털 및 스마트 환경에 매우 능숙하고 텍스트보다는 동영상에 익숙하여 일상생활의 모든 것을 촬영하며 어느 세대보다 유튜브, 인스타그램, 틱톡, 트위치, 카톡 등 소셜 미디어 세계를 주도하고 있다.

그래서 Z세대의 지갑을 열려면 뭐든지 동영상으로 커뮤니케이션 하라는 말이 있다. 이들은 유행에 극도로 민감하고 개인주의적인 성향이 강한 반면 환경 및 사회적 인식에서 매우 진보적이라 적극적인 불매운동, 온라인 서명 운동을 전개하기도 한다.

Z세대의 소비성향은 구매 경험, 가치 소비, 경험 공유 등 크게 3가지로 볼 수 있다.

Z세대의 소비성향을 정리하면 좋은 품질의 제품을 합리적인 가격에 구입하는 데 그치지 않는다. 첫째, 구입 과정에서의 경험이 얼마나 쿨한지를 따지는 '구매경험' 둘째, 제품이나 콘텐츠 구입으로 어떤 사회적 가치를 보탤 수 있을지 생각하는 '가치소비' 셋째, 소비경험을 공유할 수 있는지까지 고민하는 '경험 공유'의 소비성향을 가지고 있다.

20대 '소비 & 라이프스타일 트렌드 조사'에 따르면 Z세대가 소비할 때 가장 중요하게 생각하는 요소는 1위가 나의 취향을 저격하는지, 2위 가성비, 3위 디자인, 4위 트렌디함이었다. 콘텐츠 기획에 고려할 요소로 기억해야 할 것이다.

무엇이든지 동영상으로 커뮤니케이션하는 Z세대를 타깃으로 하는 마케팅 플랫폼은 유튜브와 인스타그램, 틱톡이다. 우리가 너무나 잘 아는 유튜브는 전 세대가 다 사용하는 대세 플랫폼으로 검색 패러다임을 만들었다. 10대의 유튜브 검색 비율은 무려 70%에 이른다. Z세대는 유튜브로 세상을 읽는다고 한다. 10대는 모든 것을 유튜브에서 찾아보고 적극적으로 영상을 생산해 유튜브에서 소통하고 있다.

요즘 Z세대의 놀이터는 '틱톡TICTOK'이다. 틱톡은 중국 스타트업 바이트댄스ByteDance에서 만든 동영상 공유 앱으로 15초짜리 동영상 플랫폼이다. 15초짜리 짧은 동영상으로 인기를 모은 숏폼 동영상 플랫폼 틱톡은 '신나는 순간을 특별하게'라는 슬로건으로 구글 플레이·애플 앱스토어에서 세계 1위 소셜미디어로 등극하기도 했다.

이처럼 틱톡은 Z세대를 사로잡고 유튜브와 인스타그램을 위협하고 있다. 숏폼 동영상이 대세 트렌드가 됨에 따라 경쟁 상대인 유튜브는 숏츠, 인스타그램은 릴스 등을 출시하였다.

Z세대를 효과적으로 공략하려면 Z세대가 중요시하는 브랜딩, 인플루언서, 오프라인 등 세 방향으로 마케팅을 전개해야 한다.

첫째, Z세대가 선호하는 브랜드의 키워드는 친환경, 고품질, 사회적 책임 등이므로 이를 키워드로 한 브랜딩을 실시해야 한다.

둘째, Z세대에게 유튜브, 인스타그램 인플루언서는 롤모델이므로 인플루언서를 적극 활용한다.

셋째, Z세대는 온라인을 통해 제품의 정보를 얻고 오프라인 매장에서 직접 보고 만진 후 구매를 하므로 온라인과는 차별화되게 오프라인 매장을 체험공간으로 구성해야 한다. 특히 Z세대는 실감 세대로 오감을 통한 존재 경험을 추구하므로 AR, VR, MR, 메타버스 등을 활용한 실감형 콘텐츠로 마케팅을 해야 한다.

전 세계 소비시장을 주도하고 있는 밀레니얼과 Z세대가 소비시장의 지형도를 완전히 새롭게 그리고 있다. 베이비부머를 상대하던 것과는 완전히 새로운 방식으로 접근해야 한다. 부모 세대는 1980~1990년대 호황기의 풍요를 누리며 성장했지만 이들은 2008년 글로벌 금융위기를 경험하며 자란 저성장, 취업절벽 세대이다. 부모보다 경제적으로 어려워진 첫 세대인 것이다. 이들은 부모와 전혀 다른 소비성향을 가지고 있어 이들의 취향을 간파하지 못한 비즈니스는 몰락의 길을 걷고야 말았다.

이상과 같이 우리나라의 시장을 이끄는 빅4 세대인 베이비부머세대, 싱글세대, 밀레니얼세대, Z세대에 대해 정확히 알아야 타깃맞춤형 로컬 콘텐츠를 기획할 수 있다.

2. 트렌드Trend

현장은 지역, 타깃(고객), 경쟁사로 이루어진다.

현장을 읽기 위해 타깃 고객을 중심으로 지역에 영향을 미치는 환경적 요소인 트렌드 동향에 깊은 관심을 갖고 살펴야 한다.

트렌드란 사전에서 찾아보면 '시대의 경향, 동향'이란 의미로 동향動向, 추세趨勢와 같은 말로 경제변동 중에서 장기간에 걸친 성장 · 정체 · 후퇴 등 변동 경향을 나타내는 움직임을 말한다. 즉 어떤 현상이 일정한 방향으로 움직이어 나가는 힘으로 사람들이 공유하는 특정한 생활, 사고방식의 경향과 추세'를 말하는데, 이는 유행보다는 기간이 길고, 메가트렌드Megatrend보다는 기간이 짧다.

통상적으로 유행은 1년 미만, 트렌드는 2~3년 이상, 메가트렌드는 7년 이상 지속되는 것이다. 예를 들자면 옷의 유행, 웰빙 트렌드, 고령화 메가트렌드 등으로 표현될 수 있다. 자세히 살펴보면 유행은 패션Fashion 또는 패드(Fad ; 일시적인 유행) 라고 하며 짧게는 며칠에서 1년 이하 기간 동안 지속되는 것으로 주로 의류(패션)업종에서 주로 사용된다. 트렌드는 2~3년 이상 지속되는 것으로 스마트, 웰빙, 디지털, 글로벌 등 다른 용어와 결합하여 사회 및 소비자를 일정기간 지배하는 현상을 말한다.

메가트렌드는 트렌드보다 길고 광범위한 것으로 초고령화, 도시화 등

변해가는 사회의 현상을 나타내는 거대한 조류를 말한다.

트렌드는 과거를 기반으로 현재에 살아 움직이며 미래를 만드는 역할을 한다. 즉 트렌드는 연속성과 대중성을 지니고 있다.

요즘에는 트렌드란 용어가 아주 많이 여러 곳에서 사용되고 있다. 이는 트렌드에 사람들의 관심이 많다는 것을 입증하는 것이다. 물건을 잘팔려면 유행을 따라야 하듯이 로컬문화 기획을 차별화하기 위해서는 트렌드를 잘 활용해야 한다. 트렌드는 고객이 움직이는 방향이기 때문이다. 즉 로컬문화 기획자는 사회현상의 변화 방향과 움직임에 예민하게 촉각을 세우고 어떠한 방향으로 어떻게 변해갈 것인지를 잘 예측하며 지역의 현실을 고려하여 기획에 활용해야 한다. 트렌드를 알기 위해서는 주요 경제연구소에서 매년 초에 발표하는 자료나 연말에 출간되는 트렌드 관련 다양한 책들을 통해 파악할 수 있다. 그리고 한 해 동안 유행한 히트상품을 살펴보며 고객 소비 경향을 살펴보는 방법도 있다.

트렌드를 로컬 기획에 반영하여 고객들의 관심을 자연스럽게 끌어내 참여 및 구매를 유도해야 한다. 즉 기획을 할 때 타깃의 동향과 더불어 타깃을 움직이게 하는 트렌드를 눈여겨 볼 필요가 있다. 특히 로컬 콘텐츠를 기획할 때에는 기존의 방식을 과감히 버리고 스마트한 디지털 사회로의 트렌드 변화에 맞춘 기획을 해야 한다. 트렌드와 시장변화를 감지하지 못하고 기존 방식을 고집하게 되면 어려운 처지에 놓이게 될 수 있다.

그러므로 기획을 할 때에는 반드시 트렌드를 파악하고 앞으로 현장과 고객의 변화가 어떠한 방향으로 얼마만큼 진행될지를 예상하여 고객을 만족시키고 타 지역과 차별화하는 방법을 강구해야 한다.

한국관광공사가 발표한 2025년 관광 트렌드 'S.P.E.C.T.R.U.M.' 그래픽=한국관광공사

3. 경쟁자

시장을 읽기 위해 체크해야 할 세 번째는 경쟁자를 살피는 것이다. 손자병법 모공편謨攻篇에 나오는 '지피지기 백전불태知彼知己 百戰不殆'라는 말처럼 경쟁자를 알고 나를 알면 백번을 싸워도 위태롭지 않은 법이다. 즉 경쟁지역의 동향을 면밀히 살펴 우리 지역만의 차별화된 콘텐츠를 만들어내야 한다. 이를 위해 항상 경쟁자의 움직임에 촉각을 곤두세우고 주기적으로 동향을 체크하여 대응책을 마련하는 시스템을 마련해야 한다. 특히 요즘처럼 매일 매일 변화가 일어나는 시기에는 일, 주, 월별로 경쟁자 변화 파악을 정례화해야 한다.

경쟁자 동향 파악을 위해서는 콘텐츠는 물론 인력운영에서 마케팅, 서비스 등에 이르기까지 경쟁지역의 모든 부분에 대해 살펴봐야 한다.

현장조사 절차

로컬 기획의 출발점인 현장조사는 제대로, 정확히 무엇을 조사할 것인지 목표를 분명히 설정하고 계획을 수립한 후에 조사해야 한다. 즉 현장조사를 왜 하는지, 어떻게 조사할 것인지, 자료는 어떻게 수집할 것인지, 수집한 자료는 어떻게 정리하고 분석하여 로컬 기획에 적용할 것인지 등에 절차를 마련하고 단계별로 시행해야 한다.

현장조사 1단계는 '기획에 대한 문제 제기'다.

무엇을, 왜 조사하는지 현장 조사의 방향을 설정하기 위한 첫 단계이다. 이 단계에서는 현재의 모습을 보완하고 콘텐츠를 수행하는 데 발생할 수 있는 문제점을 해결하며, 콘텐츠의 새로운 기회를 포착하기 위해 중요한 단계이다.

2단계는 '조사 설계'다.

조사 설계는 무엇을 조사할 것인지 향후 콘텐츠와 관련된 조사 활동을 수행하고 통제하기 위한 청사진으로 네 가지 주요 활동 과제가 있다.

첫째, 도출된 문제점이나 보완 사항에 대한 종합적인 검토를 해야 한다.

둘째, 조사 방법 및 조사의 틀을 설정하며, 자료수집 절차와 자료 분석 기법을 선택한다.

셋째, 조사일정 및 조사예산(소요인원, 시간, 비용 등)을 편성한다.

넷째, 조사 설계가 잘 수립되었는지 객관적으로 평가한다.

3단계는 '자료 수집'이다.

자료는 로컬 기획자가 직접 수집해야 할 자료인 1차 자료(직접 질문, 전화, 설문조사, 면접 등)와 공공기관이나 언론 매체 등에 의해서 이미 수집된 2차 자료(각종 책, 신문, 잡지, 논문, 포털 검색 등)가 있다. 2차 자료는 구하기는 쉬우나 문제 해결을 위해서는 부족한 점이 많아 좋은 자료를 얻기 위하여서는 직접 수집하는 1차 자료 수집에 중점을 두어야 한다.

자료 수집은 온라인과 오프라인을 병행하며, 특히 현장 지역을 중심으로 이루어져야 한다.

4단계는 '자료 분석'이다.

수집된 자료의 분석은 편집, 코딩(coding : 조사에서 응답자의 반응을 분류하여 숫자 등으로 표기하는 것), 통계적 기법으로 해석하는 방법이 있으며, 기존의 전략을 보완하고 수정하는 방식으로 진행되어야 한다.

5단계는 '기획에 적용'하는 것이다.

현장조사를 통해 분석된 자료는 마지막으로 기획하는 데 적용되어야 한다.

이 단계에서는 새로운 로컬 콘텐츠 전략을 수립할 수 있도록 분석 자료를 가공하여 기획이 차별화될 수 있도록 업그레이드시키는 로컬 기획자의 스킬이 필요하다.

이상과 같이 시장조사는 문제에 대한 분석부터 기획에 적용까지 5단계로 진행한다.

문화예술 콘텐츠를 위한 현장조사

문화예술 관련 로컬 콘텐츠를 기획한다면 어디서부터 어떻게 시장조사를 시작하면 좋을까? 1차로 문화체육관광부, 문화예술진흥원, 문화콘텐츠진흥원, 공연장, 미술관, 방송국 등 정부 관련기관 및 관공서 및 문화예술 콘텐츠 관련시설을 방문하거나 홈페이지를 살펴본다. 국내 문화예술 관련 시설 및 단체의 조사만으로는 부족한 감이 있으므로 2차로 해외 주요 시설 및 단체, 콘텐츠에 대한 시장조사도 병행하는 것이 좋다.

예를 들어 외국 주요 문화예술 시설을 방문하는 것이 제일 좋고 어려울 경우, 이들 시설의 홈페이지나 소셜 미디어 플랫폼(페이스북, 인스타그램, 유튜브, 틱톡 등)을 살펴보면 된다. 조사 대상국도 미국, 일본, 중국, 영국, 독일, 프랑스, 튀르키예, 사우디아라비아, 브라질, 멕시코 등 전 세계를 대상으로 조사한다.

그리고 세계 주요 문화예술 행사에 대한 조사도 함께 실시한다. 마지막으로 홈페이지뿐만이 아니라 주요 동영상 사이트(유튜브, 비메오 등)를 보며 텍스트와 현장감 있는 비주얼을 동시에 살펴보도록 한다.

우리나라는 물론 전 세계적으로 음악 관련 페스티벌이 많이 열리고 있다. 이를 활성화하고 축제로 만들기 위해서는 문화예술 시장조사와 마찬가지로 해외의 유사 축제에 대해 살펴봐야 한다.

세계적으로 유명한 페스티벌은 4월 미국 코첼라밸리에서 열리는 코첼라 페스티벌, 8월 네바다 사막에서 열리는 버닝맨 페스티벌이 있다. 영국에는 8월 에딘버러에서 열리는 에딘버러 페스티벌이, 프랑스에서는 7월 아비뇽에서 열리는 아비뇽 페스티벌이 유명하고, 네덜란드에서는 6월 암

스텔담에서 열리는 데프콘원 페스티벌, 벨기에 EDM 페스티벌 투머로우 랜드 등이 있다.

이상과 같이 시장조사를 할 때에는 조사할 범위, 기간 등을 정하고 실시해야 한다. 특히 조사의 범위는 국내, 해외, 온라인 등으로 나누어 시행해야 하며, 글로벌화 되어가는 시점에서 세계와 국내를 동시에 조사하여야 한다.

글로벌 환경에서 시장을 조사할 때는 먼저 세계 시장을 조사하고 그 다음에 국내 시장을 살펴보도록 한다. 그리고 시장을 조사할 때는 우선적으로 인터넷, 책, 논문 자료 등을 통해 먼저 통계자료를 입수하고 이를 바탕으로 조사를 설계, 시행하는 것이 좋다.

현장조사 포인트

생동감 넘치게 살아 있는 현장조사의 포인트는 다음과 같다.

첫째, 현장에서 아이템을 발굴하는 것이다.

기획 아이템, 아이디어 등에 대한 보강은 책, 인터넷 등을 통해서도 얻을 수 있지만 실질적인 아이템과 아이디어는 현장 속에 있다. 그래서 로컬 기획의 실용성 및 활용성을 높이기 위해 현장탐방은 필수이다. 현장 속에서 찾은 것이 고객과의 공감대를 형성할 수 있는 최선의 방법이기 때문이다.

둘째, 타깃의 관심사와 동향을 파악하는 것이다.

현장조사를 통해 세상은 어디로 움직이고 있으며, 그 안에 고객들은 어떻게 반응하고, 관심사는 무엇인지를 파악할 수 있다. 로컬 기획자라면 고객의 움직임과 관심에 대해 항상 눈과 귀를 열어 놓고, 이를 기획에 적극 반영해야 한다.

셋째, 현장 속에서 새로운 크리에이티브Creative를 발견하는 것이다.

현장조사의 주된 목적은 벤치마킹에 있다. 치밀한 기획을 바탕으로 이루어진 공간에는 반드시 크리에이티브적인 요소들이 살아 숨 쉬고 있기 때문에 이를 꼼꼼하게 관찰해 찾아내고 자신만의 차별화된 기획으로 업그레이드 시켜야 한다.

넷째, 새로운 매체를 조사하고 적용하는 것이다.

상대적으로 사람들이 많은 장소에는 새롭고 시험적인 매체들이 많이 설치되어 있다. 그러므로 기획할 콘텐츠에 대한 효과적이고도 차별화된 PR을 위해 새로운 미디어 매체를 조사하고 이에 대한 활용도를 체크하여 로컬 콘텐츠 기획 및 마케팅(홍보)에 적용하도록 한다.

다섯째, 트렌드를 발견하고 이해하는 것이다.

사람들이 많이 움직이는 공간을 잘 살펴보고 있으면 공통점을 발견할 수 있고, 이를 통해 우리는 트렌드를 알 수 있다. 현장을 방문할 때 이러한 포인트를 살려 조사를 하도록 하자.

현장조사 보고서 작성법

현장조사 보고서를 쓸 때에는 3가지 기본원칙이 있다.

첫째, 작성 전에 충분히 구상을 해야 한다.

왜 조사하는지, 무엇을 조사할 것인지, 조사한 것을 어떻게 적용할 것인지를 미리 생각한 후 보고서의 프레임을 짜도록 한다. 보고서는 서론, 본론, 결론, 참고자료 등으로 구성한다.

서론에는 보고서의 윤곽을 제시하여 관심을 유도하며 조사의 필요성, 목적, 범위, 방법, 의의, 중요성 등을 내용으로 한다. 본론은 조사할 내용(현황, 특징, 주목할 점 등)을 분석하고 샘플, 사진 등의 자료를 포함시킨다. 결론은 전체 내용을 요약한 후 해결책을 제시하여 정확한 결정을 내릴 수 있도록 보고서를 작성한다. 그리고 콘텐츠의 향후 개발 및 제작 방안을 제안하도록 한다.

둘째, 정확하고 명확한 문장을 사용한다.

추상적인 표현보다는 숫자를 사용하여 구체화 시키는 것이 중요하며 검토자가 잘 판단할 수 있도록 간결하고 짧게 직접적인 표현을 사용한다.

셋째, 표나 그림, 도표, 적절한 예시를 제시하여 생동감을 준다.

텍스트만으로 작성된 보고서는 검토자에게 지루한 감을 주고 특히, 현장감이 떨어져 정확한 판단을 하기 어려우므로 표, 그림, 사례 등을 적절히 넣도록 한다.

보고서 작성 시 유의할 점은 보고의 주제를 정확히 파악하여 작성하는 것이 필요하며 충분한 자료 수집과 다양한 관점에서 비교 분석하도록 한다.

로컬 콘텐츠 기획 2단계 :
조사와 분석, 그리고 아이템 선정

조사와 분석

차별화된 생각을 기획으로 현실화시키기 위해 첫 번째로 전방위적인 현장조사를 어떻게 할 것인지 살펴보았다.

우리는 현장에서 다양한 조사활동을 통해 로컬 기획 아이템을 수집하게 된다.

그렇다면 현장에서 수집한 수많은 아이템을 어떻게 고를 것인가?

조사와 분석의 개념 차이에서 우리는 아이템을 선정할 수 있는 기준을 발견하게 된다.

조사調査를 사전에서 살펴보면 '사물의 내용을 명확히 알기 위하여 자세히 살펴보거나 찾아봄'이라고 나와 있다. 로컬 콘텐츠 기획을 위해 현장을 자세히 살펴보며 찾아보는 것, 즉 기획을 위해 주제 내용에 맞는 것을 찾아 수집하는 것이다.

그렇다면 분석은 무엇일까?

분석分析은 사전적 의미로 '얽혀 있거나 복잡한 것을 풀어서 개별적인 요소나 성질로 나눔', '복잡한 현상이나 대상 또는 개념을, 그것을 구성하는 단순한 요소로 분해하는 일'이다. 즉 조사를 통해 수집한 복잡한 요소들을 개별적이고 단순한 요소로 분해하여 정리하는 것이다.

쉽게 정리하자면 우리는 조사를 통해 수집하고, 수집한 것의 분석을 통해 통찰력, 인사이트를 얻게 되는 것이다.

로컬 기획 아이템의 선정

우리는 현장조사를 통해 다양한 정보를 얻게 된다. 시장조사로 얻어진 정보 속에서 분석을 통해 콘텐츠 기획에 적용하기 위한 적합한 아이템을 선정하게 된다.

그렇다면 아이템item이란 무엇인가?

우선 정확한 개념 파악을 위해 사전을 살펴보면 '한 단위로 다루어지는 데이터의 집합'이라고 나와 있다. 즉 아이템이란 시장조사를 통해 얻은 데이터의 집합체, 곧 '정보'이다.

기획에서의 아이템은 기획의 대상(목적)을 말한다. 밑천이 있어야 장사를 할 수 있듯이 아이템이 정해져야 로컬 콘텐츠를 기획할 수 있다. 똑 같은 주제로 기획을 하더라도 아이템이 달라지면 콘텐츠가 차별화되게 된다. 예를 들어 유튜브에 우리 지역을 알리는 콘텐츠 채널을 만들더라도 어떠한 아이템으로 어떻게 운영하느냐에 따라 내용은 물론 구독자수도 달라진다.

사례로 충주시의 공식 유튜브 채널 〈충TV〉는 지역 특산물과 로컬 아이템을 활용한 독특한 콘텐츠로 성공을 거두었다. 특히, 충주시의 특산품인 사과와 밤을 활용한 협업 상품 개발 및 판매를 통해 지역경제 활성화에도 기여하였다. 이러한 로컬 아이템을 활용한 콘텐츠는 지역의 특색을 강조하면서도 시청자들에게 신선하고 재미있는 경험을 제공하여, 다른 지방자치단체 유튜브 채널과는 차별화된 성공을 이루게 된 것이다.

그러므로 로컬 콘텐츠 기획을 차별화하기 위해서는 아이템 선정이 매우 중요하다. 콘텐츠 기획에서 분명한 콘셉트와 전략을 전개하는 데 있어서 중국 고전의 하나인 『삼국지』가 하나의 지침을 보여주는데, 『삼국지』는 과거부터 현재에 이르기까지 전쟁에서 어떤 아이템을 취해야 승리할 수 있는지를 알려주는 책이다. 『삼국지』에 등장하는 여러 전투 중 아이템, 즉 정보를 활용하여 크게 승리한 것이 삼국지 3대 전투 중 가장 유명한 적벽대전赤壁大戰이다.

적벽대전은 중국 후한 말기에 조조가 손권과 유비 연합군과 싸웠던 전투이다. 관도대전官渡戰鬪에서 원소를 무찌르고 화북을 평정한 조조는 중국을 통일하려고 약 80만 대군을 이끌고 남하하며 적벽에서 손권·유비 연합군 5만과 대치하게 되는데, 이때 제갈량이 동남풍을 활용한 화공계략火攻計略을 펼침으로써 조조의 군대를 대파시켜 화북으로 패퇴시킨다. 위, 촉, 오 삼국의 형세가 확정되는 계기가 된 대표적인 이전투의 승리는 제갈량의 기후파악 능력, 즉 정보를 활용함에서 비롯되었다.

오늘날처럼 치열한 경쟁의 시대에 수많은 정보 중에서 승리를 얻기 위한 정보, 즉 아이템의 선정과 활용은 매우 중요하다. 그러므로 무한경쟁의 싸움에서 승리하기 위해서는 정보를 모으고 관리하기 위해 꾸준히 노력해야 한다. 콘텐츠 기획의 필수 요소이며 근간인 아이템(정보)으로 차별화되고 설득력 있는 기획을 위해 정보의 유형, 정보력을 강화하는 방법, 수집 등에 대해 세부적으로 관심을 갖고 살펴봐야 할 것이다.

아이템 = 정보

인터넷과 디지털 특히, 스마트폰의 급속한 확산, 코로나 19로 인해 모바일 환경이 세상을 급속히 변화시켰다. 모바일로 이루어지는 요즘의 가장 큰 변화는 정보가 의식주와 더불어 생활에 필요한 제 4의 요소가 되었다는 것이다. 정보화 사회의 발달로 정보 자체가 자원으로서 발전의 원동력이 되고 있으며 정보의 보유 유무로 인해 소득계층의 변화까지 일어나고 있다. 그래서 나라, 기업별로 양질의 정보를 경쟁자보다 한 발 앞서 확보하기 위해 보이지 않는 정보 전쟁을 치르고 있다. 특히 SNS를 통해 우리는 매일 매일 넘쳐나는 정보의 홍수 속에 살고 있다.

그런데 로컬 콘텐츠를 기획하면서 막상 필요한 정보를 구하기란 쉽지가 않다.

그럼, 정보는 어디서 얻을 수 있을까?

콘텐츠 기획을 위해 정보를 어떻게 얻는지 기획자 100명에게 질문했다. 1위는 인터넷(41.7%), 2위는 인적 네트워크(26.7%), 다음으로 내부 자료와 보고서(18.3%), 외부 보고서(6.7%), 책 또는 잡지(5%), 기타(1.6%) 순으로 결과가 나왔다.

필자는 신입사원 시절부터 업무와 관심 분야에 대한 자료들을 매일 하나, 둘씩 꾸준히 모았고 이를 바탕으로 회사생활 10년 차에 첫 책을 출간하게 되었다. 입사해서 과장이 될 때까지 10년 동안 추진한 기획 내용과 현장 경험을 바탕으로 그동안 모은 문서와 자료에 기존의 이론을 믹스하여 출간하게 된 것이다.

이처럼 정보를 계속적으로 모으고 나만의 것으로 만들어 놓으면 언젠가는 책과 같은 콘텐츠를 만들어 낼 수 있을 것이다. '티끌모아 태산'이라는 말이 있듯이 작은 정보 하나하나가 모여 마침내 책이라는 멋진 열매를 맺을 수 있게 된 것이다.

아이템 수집 방법

현장조사를 통해 로컬 콘텐츠 기획에 쓸 아이템을 선정하는 것은 결코 쉬운 일이 아니다. 요즘처럼 매일 매일 급변하는 환경에서 몇 번의 현장조사를 통해 얻은 아이템을 기획에 적용하여 성공을 거두기란 어렵다. 그러므로 아이템은 매일 매일 꾸준히 모으고 수집과 동시에 잘 정리 정돈하여 언제든지 기획에 활용될 수 있도록 만들어 놓아야 한다.

아이템을 모은다는 것은 게임에서 아이템을 모으는 것처럼 단시간 내에 할 수 있기보다는 꾸준한 시간 투자와 노력이 필요하다. 중국 고전『열자列子』의 탕문편湯問篇에 보면 '우공이산愚公移山'이라는 말이 나온다. 어리석은 영감이 산을 옮긴다는 이야기이다.

중국의 태형太形·왕옥王屋 두 산은 둘레가 700리나 되는데, 원래 기주冀州 남쪽과 하양河陽 북쪽에 있었다. 북산北山의 우공愚公이란 사람은 나이가 이미 90세에 가까운데 이 두 산이 가로막혀 돌아다녀야 하는 불편을 덜고자 자식들과 의논하여 산을 옮기기로 하였다. 흙을 발해만渤海灣까지 운반하는 데 왕복 1년이 걸렸다. 이것을 본 친구 지수智叟가 웃으며 만류하자 그는 정색을 하고 "나는 늙었지만 나에게는 자식도 있고 손자도 있다. 그 손자는 또 자식을 낳아 자자손손 대를 잇겠지만 산은 더 불어나는 일이 없지 않은가. 그러니 언젠가는 평평하게 될 날이 오겠지." 하고 대답하였다. 지수는 말문이 막혔다. 그런데 이 말을 들은 산신령이 산을 허무는 인간의 노력이 끝없이 계속될까 겁이 나서 옥황상제에게 이 일을 말려 주도록 호소하였다. 그러나 옥황상제는 우공의 정성에 감동하여 가장 힘이 센 과아씨의 아들을 시켜 두 산을 들어 옮겨, 하나는 삭동朔東에 두고 하나는 옹남雍南에 두게 하였다고 한다.

이처럼 하루에 한 바구니씩 흙을 나르다 보면 산도 옮길 수 있듯이 하루에 한 개라도 매일 매일 모으다 보면 1년 뒤에는 남들보다 365개가 많은 자료, 즉 아이템을 갖게 된다. 비슷한 말로 '소걸음으로 천리를 간다'라는 의미의 '우보천리牛步千里'라는 고사성어처럼 차별화되고 스피드한 콘텐츠 기획을 위해 매일 매일 아이템(정보) 수집을 위한 노력이 있어야 한다.

하루 한 개라도 좋으니 최소한의 목표를 정해 놓고 인터넷, 책, 네트워킹 등을 통해 얻은 아이템(정보)을 기획하고자 하는 콘텐츠나 관심 분야 등의 기획에 활용될 수 있도록 자료를 정리해 보면 새로운 콘텐츠를 기획할 때 매우 유용한 자료가 될 것이다.

수집한 아이템을 효율적으로 활용하기 위해서는 정리를 잘 해놓아야 한다. 아이템을 잘 정리해 놓아야 찾기가 쉬워 스피드하게 기획을 할 수 있기 때문이다. 그리고 분기나 반기별로 수집된 아이템을 정리해야 한다. 이미 다른 사람이 활용하였거나 시간이 경과된 아이템은 쓸모가 없기 때문에 주기적으로 불필요한 정보는 버리고 찾기 쉽고 알아보기 쉽도록 정리정돈 하도록 한다.

정리整理와 정돈整頓의 차이는 무엇일까? 정리는 버리는 것을 말한다. 즉 정리는 쓸데없는 불필요한 정보 등을 버리는 것이다. 그리고 정돈은 정리 이후에 아이템을 찾기 쉽고 알아보기 쉽도록 항목별로 배열해 놓는 것이다. 즉 쉽게 찾을 수 있도록 정리하는 것이 정돈이다. 아이템을 잘 정리 정돈하지 않으면 정보가 산더미같이 쌓여 기획할 때에 찾지도 못해 제대로 쓰지도 못하고 버리게 되는 경우가 많다.

정리한 아이템에는 반드시 '나만의 생각'을 더하여 적어놓는 것이 좋다.

아이디어라는 것이 반짝하고 생각났다가 금방 사라지는 것처럼 수집한 자료에 바로 나 만의 생각이나 느낌을 메모로 적어놓는 것이 좋다.

일일 정보 만들기

우리는 매일 주위에서 수많은 정보를 접하고 아이템을 얻게 된다. 그래서 매일 정보를 수집하고 정리하여 정보 경로별로 콘텐츠 기획에 활용할 수 있도록 한다.

아이템, 즉 정보를 수집하는 방법은 크게 3가지가 있다.

첫째, 매일 매일 일일 정보를 만드는 것. 둘째, 전문자료를 통해 정보를 수집하는 것. 셋째, 소셜 미디어를 통해 정보를 수집하는 것이다.

　일일 정보를 만드는 첫 번째 방법은 신문을 활용하는 것이다.

　신문을 통해 우리는 깊이 있는 정보와 트렌드를 살펴 볼 수 있다. 신문은 조선, 중앙, 동아일보와 같은 중앙지와 매일경제, 한국경제 등 경제지를 종류별로 1개씩 보아야 한다. 특히 경제지는 매일경제, 사회문화 트렌드 체크는 물론 업무 또는 관심 분야를 반드시 살펴봐야 한다. 신문기사를 보는 시간은 30분 내외의 짧은 시간 동안 집중하여 살펴보는 것이 좋다. 헤드라인, 그림, 데이터, 도표, 특집기사를 중심으로 읽는다. 이미지는 인터넷에서 검색하여 PC 파일로 저장, 향후 콘텐츠 기획 시 활용하고, 계속적으로 활용할 수 있는 중요한 자료는 소셜 미디어(블로그, 페이스북, 브런치 등)에 스크랩을 하면 좋다.

　두 번째 방법은 이메일, 인터넷을 활용하는 것이다.

　이메일은 매일 효율적으로 정보를 얻는 최고의 방법으로 관심 분야와 관련된 사이트에 회원가입을 하여 정기적으로 이메일을 통해 정보를 입수하는 것이다. 회원 가입을 할 사이트는 문화콘텐츠, 예술, 마케팅, 디자인, 경제연구소, 방송, 신문사, 정부기관, 트렌드, 컨설팅 분야 등이다. 매일 이메일로 받는 기사 중 주요 내용은 자신의 블로그, 페이스북 등에 내용별로 분류하여 정리하는 것이 좋다. 일일 스크랩 시간은 30분 이내로 한정하여 많은 시간을 뺏기지 않도록 시간관리에 유의해야 한다. 블로그는 관심 있는 블로거와 이웃맺기, 페이스북은 페이지에 '좋아요'를 통해 정보를 얻을 수 있다.

　요즘은 정보도 전문 사이트 구독을 통해 쉽게 얻을 수 있다. 필자는 엘

리스모먼트, 탐방레터, 서울라이터, 까탈로그, 응답하라 마케팅, 콘텐타, 미라클레터, 아웃스탠딩, 국회도서관, 한국문화관광연구원 등을 구독하고 있다.

세 번째 방법은 현장 방문이다.

현장에 답이 있으므로 평일 오후나 여유있는 주말에 시간을 할애하여 시간이 날 때마다 현장을 방문하는 것이 좋다. 방문할 현장으로는 서점, 박물관, 미술관, 극장, 공연장(연극, 뮤지컬, 콘서트 등), 전시장 등의 문화공간들이다. 현장에서 아이템을 수집하는 포인트는 고객의 소리 청취 및 고객 반응을 체크하는 것이다.

현장에서 얻은 자료는 장소와 인터뷰 상대자를 기록해 두고 콘텐츠 기획에 활용함으로써 기획서의 신뢰도를 제고하도록 한다. 현장방문 전에 인터넷을 통해 사전 조사를 시행하고 설문지, 체크 리스트를 반드시 준비하고 현장을 방문하도록 한다. 방문 횟수는 최소 월 1~2회, 해외는 연 1회 이상으로 수시로 시행하여 콘텐츠 기획에 현장의 목소리를 담음으로써 기획서의 설득력을 높이도록 한다.

일일정보를 만드는 기타 방법으로는 신문이나 거리에서 배포하는 전단, 전시장, 행사장 등에서 얻을 수 있는 브로슈어, 포스터, 티켓, 응모권, 기념품, 사은품, 굿즈 등을 수집하는 것이다. 특히 온오프와 콘텐츠와 관련된 행사 제작물은 전단, 포스터, 티켓, 초대장, 현수막 등 패키지 형태로 수집하며 이미지, 동영상 형태로 기록한다.

이처럼 방문한 곳에서 콘텐츠와 연관된 아이디어를 연상할 수 있는 아이템들을 모아 두면 나중에 기획 특히, 제작물 디자인에 많은 도움이 된다. 그리고 브로슈어, 카탈로그와 같은 인쇄물은 1종류를 3부 이상씩 수집한다. 3부를 수집하는 이유는 첫 번째, 자신이 볼 것. 두 번째, 동료들에게 줄 것. 세 번째, 협력하는 사람이나 회사에 전달해 공유하기 위해서이다. 이렇게 정보를 공유하면 한 방향의 콘텐츠를 만들고 커뮤니케이션을 하는 데 많은 도움이 된다.

전문정보 수집 방법

하룻동안 생성되는 인터넷 정보량은 책으로 247,000권 정도가 된다고 한다. 이 책을 쌓으면 에베레스트산 56개의 높이가 된다. 이처럼 정보가 넘쳐나는 시대에는 정보를 얻는 노하우보다 어디서 차별화된 정보를 얻을 수 있는지 정보의 출처(know-where)가 중요하다.

그렇다면 우리 지역만의 창의적인 콘텐츠 기획에 꼭 필요하고 중요한 정보를 수집하려면 어떻게 해야 할까?

전문정보를 수집하는 방법은 인맥, 현장방문, 논문자료, 세미나/강의, 전문사이트, 책, 블로그/카페, 포털사이트 등 여러 가지가 있다. 여러 방법 중 가장 좋은 정보는 어디에서 얻을 수 있을까? 차별화된 기획을 위해서는 인적 네트워크가 가장 중요하다. 인터넷이나 기획서 등에서 얻는 자료는 누구나 얻을 수 있는 자료이지만 인적 네트워크, 즉 자신만이 아는 지인으로부터 얻는 자료는 자신만의 자료가 되기 때문이다. 전문화된 정보를 수집할 수 있는 여러 가지 방법을 중요한 순서대로 살펴보자.

1. 인적 네트워크

기획을 하고자 하는 분야 및 학교 선후배, 직장 내외 동호회, 기타 모임 등 좋은 정보를 얻기 위한 최고의 보물창고로는 '사람'(인맥)이 가장 중요하다.

인맥을 만들기 위해서는 평소에 다양한 사람들과 인맥을 맺어 놓아야 한다. 요즘은 가난한 것을 '갖지 못한 것'이 아니라 '소속되지 못한 것'이라고 규정하며 인적 네트워크의 시대임을 강조한다. 샘 해리슨은 『아이디어의 발견』이라는 책에서 "창의적인 사람들은 네트워크를 좋아한다. 네트워킹이 도움이 되기 때문이다." 라고 하였다.

인맥을 관리하기 위해서는 다음과 같은 방법이 있다.

① 인맥 지도 작성 및 인맥지수 측정이 있다. 작성 방법은 가족, 친인척, 동창, 선후배 등과의 관계 그리고 회사, 동호회, 종교 등 유형별로 만들어 보는 것이다.

② 자신을 차별화된 브랜드로 만드는 것이다. 이를 위해 자신을 적극적으로 알릴 수 있게 차별화된 디자인의 명함을 만든다.

③ 전시회, 세미나, 행사장 등을 직접 찾아다니며 적극적으로 관계를 맺는다. 이를 위해 교육, 세미나, 특강, 포럼 등 행사에 적극적으로 참여한다. 인맥 관리의 포인트는 '습관'이다. 인맥을 만들기 위해서는 전화, 이메일, 문자, 카톡, SNS 등으로 정기적으로, 지속적으로 소통하는 것이 필요하다.

2. 현장방문

예를 들어 사람이 많이 다니는 등 인구밀집지역, 문화예술 아이템을 언을 수 있는 전시장(박물관, 미술관 등), 공연장 등을 방문하여 정보를 얻는다. 현장은 폭넓고 살아 있는 정보를 얻는 데 좋은 곳이다. 이를 위해 서점은 방문을 추천하고 싶다. 서점에 정기적으로 가면 사람들의 관심이 무엇인지를 베스트셀러, 인기판매서적 등을 통해 알 수 있다.

현장조사를 할 때는 방문 전에 무엇을 볼 것인가에 대한 체크 리스트를 만들어 본 것과 느낌을 기록하며 아이템으로 활용하기 위해 사진, 동영상 등을 촬영한다. 체크 리스트는 방문일시, 장소, 조사자, 방문목적 및 포인트, 조사내용, 현장사진 및 특이 사항 등으로 구성하며 조사항목에 따라 다르게 만들어 활용한다.

체크 리스트란 체크할 대상에 대해 평가하거나 점검할 때 여러 가지 기준에 대한 질문을 나열한 것이다. 일을 시행하기 전에 체크 리스트를 작성하여 실행할 항목별로 살펴보게 되면 실천도를 높이고 시행 결과에 대해 중간 중간 평가함으로써 목표 달성률을 높일 수 있다.

체크 리스트를 작성할 때는 중요한 것부터 순서대로 작성한다. 가령 고객이라면 이번 기획에 가장 중요한 것이 무엇인가를 생각해 보고 중요한 요소들부터 정리해 나가면 된다. 체크 리스트는 기획할 내용이나 체크할 대상에 따라 다르게 작성되어야 하겠지만 우선적으로 무엇이 중요한 사항인지를 생각해 본 후 작성한다.

3. 논문자료

전문 정보로서 논문 자료를 수집하기 위해서는 국회도서관, 대학도서관 등에서 논문을 참고한다. 열람은 네이버, 다음, 구글 등 포털사이트에서 국회도서관(www.nanet.go.kr, 전자도서관)을 검색해 사이트를 방문해 원하는 키워드를 검색하면 다양한 논문을 열람할 수 있다.

4. 강연, 포럼 등 세미나 참석

세미나에서는 전문가들의 이슈, 특정 주제에 대한 보다 깊은 정보를 얻을 수 있으므로 관심 분야나 로컬, 콘텐츠 등에 관련된 세미나, 강연, 포럼 등에 적극적으로 참석하도록 한다. 참가 전에 질문 자료를 만들어 참석하면 더욱 좋은 정보를 얻을 수 있다. 특히 행사 전후에 참여한 사람들과 명함 교환을 통해 정보를 얻을 수 있는 인맥을 구축한다.

5. 관심 분야, 로컬, 콘텐츠 미디어 등의 전문 사이트

관심 분야와 연관된 전문 연구기관의 홈페이지에 회원가입을 하면 메일로 최신 정보를 정기적으로 입수할 수 있으며 문화체육관광부, 한국콘텐츠진흥원, 문화예술교육진흥원, 문화관광연구원 등 공공기관 홈페이지에 가면 잘 정리된 보고서와 통계자료를 볼 수 있다.

6. 독서

책에서 정보를 얻기 위해서는 한 달에 한 번 이상 서점을 방문하거나 예스24, 알라딘 등 온라인서점에서 베스트셀러 및 관심 있는 책을 살펴보는 것을 추천한다. 책을 읽으면서 아이디어를 메모하면 콘텐츠 기획에 잘 활용할 수 있다.

7. 블로그, 페이스북, 유튜브, 인스타그램, 틱톡 등 소셜 미디어

필자의 경우, 수집한 정보를 페이스북과 연동하여 페이스북 친구들과 공유하고, 동영상, 디자인과 관련된 정보는 유튜브, 핀터레스트를 이용한다. 소셜 미디어 중 조금 깊이 있는 정보를 원하면 파워블로그, 브런치 등에 관심 키워드를 검색하면 좋다.

블로그와 페이스북에서 콘텐츠 관심 분야의 정보를 쉽게 얻으려면 블로그의 경우 이웃맺기, 페이스북의 페이지는 '좋아요'를 눌러 놓으면 자동적으로 업데이트 되는 정보를 얻을 수 있고, 온라인상으로 네트워크를 맺어 구성원 사이에 서로 필요한 정보를 주고받을 수도 있다.

8. 네이버, 다음, 구글 등 포털 사이트를 활용

이 방법은 가장 쉽게 정보를 구할 수 있는 것으로 범용성은 있으나 전문성은 떨어진다는 단점이 있다. 이를 보완하기 위해서는 정보검색을 할 때는 최소 3개 이상의 사이트를 검색하여 새로운 아이디어로 재가공하는 것이 좋고, 필요한 경우에는 해외 사이트도 병행하여 조사하며 정보의 질을 높일 수 있다.

에베레스트가 세계 최고봉인 이유는 어디에 있을까?

파미르고원 위에 있기 때문이다. 8,848미터의 세계 최고봉인 에베레스트는 사실 4,848미터다. 에베레스트를 비롯해 히말라야 산맥의 산들은 세계의 지붕이라 불리는 4,000미터의 파미르고원 위에 솟아 있어서 세계 최고의 산들이 될 수 있었다. 이처럼 에베레스트와 같은 최고의 콘텐츠를 기획하기 위해서는 4,000미터 높이의 파미르고원 같은 정보(자료)가 밑받침되어야 한다. 로마가 하루아침에 이루어지지 않은 것처럼 기획에 필요한 정보도 하루아침에 얻을 수 있는 것이 아니다.

정보를 수집하는 방법은 자신에게 가장 잘 맞는 방법을 선택하여 매일 자연스럽게 수집하고 이를 통해 로컬 콘텐츠를 기획하는 데 자양분으로 삼아야 한다.

세계적인 화가 파블로 피카소, 그는 평생 몇 점의 작품을 남겼을까?

무려 2만 점이나 된다. 사람이 100년을 산다고 가정했을 때, 사는 날이 36,500일이라는 것을 감안한다면 실로 엄청난 작품 수이다. 비슷한 예로 발명왕 토머스 에디슨은 특허를 1,039개 등록하였고, 위대한 물리학자 알버트 아인슈타인은 240편의 과학 논문을 발표하였다.

아이템을 수집하고 모으는 데 첩경捷徑은 없다.

피카소, 에디슨, 아인슈타인처럼 세계적인 천재들도 아이템을 얻고 이를 자기 분야의 콘텐츠로 구축하는 데 매일 매일 엄청난 노력을 기울였다. 이처럼 아이템을 수집하는 비결은 '성실', 꾸준함과 '지구력'일 것이다. 이처럼 아이템을 수집하고 정보력을 강화하는 비결은 성실, 꾸준함일 것이다. 지금부터 하나씩 하나씩 관심 있는 분야의 아이템을 모으다 보면 반드시 멋진 콘텐츠를 기획하는 탄탄한 기초를 마련할 수 있다.

인구소멸지역의 로컬 아이템 활용, 콘텐츠 기획 사례

1. 강원도 정선 : 아리랑 시장과 레일바이크

- 인구감소로 쇠퇴하던 정선의 경제 활성화를 위해 전통시장과 폐선이 된 철도 활용.

- 전통시장(정선아리랑시장)을 현대적인 관광시장으로 재구성해 특산품과 전통음식을 체험할 수 있도록 기획하고, 폐선이 된 철도를 활용해 레일바이크 체험 관광지를 조성하여 국내외 관광객 유치에 성공하며, 대표적인 체험 관광지로 자리 잡음.

2. 경상북도 청도 : 청도 프로방스와 와인터널

- 인구감소와 경기침체로 어려움을 겪던 청도지역을 관광지로 변모시킴.
- 버려진 터널을 활용해 '청도 와인터널'을 조성, 지역에서 생산된 감 와인의 판매 및 체험 프로그램 운영하고, 유럽풍 테마파크 '청도 프로방스'를 조성해 SNS 명소로 육성함으로써 대표 관광지로 자리 잡으며 지역경제에 활력을 제공함.

3. 전라남도 강진 : 강진 다산초당 그리고 푸소(FU-SO) 체험

- 다산 정약용 유배지로 유명하나 관광객 유입이 적었던 곳을 체험형 관광지로 변화시킴.
- 다산초당과 연계해 인문학적 가치를 강조한 역사문화 프로그램 운영과 푸소(FU-SO) 체험(Feeling-Up, Stress-Off)으로 도시민이 농촌에서 1박 2일 동안 생활하며 농촌 문화를 체험하도록 기획. '푸소 체험'이 전국적으로 알려지면서 강진을 체류형 관광지로 성장시킴.

4. 경상남도 남해 : 독일마을

- 귀향을 희망하는 파독 광부와 간호사들이 정착할 수 있도록 유도.

• 독일식 주택을 조성하고 독일 맥주축제(옥토버페스트)를 열어 관광객의 방문을 유도하고 현지 주민들이 독일식 레스토랑, 펜션을 운영하도록 지원하여 연간 수십만 명이 찾는 관광명소가 되고 지역경제에 활력을 불어넣음.

5. 충청북도 영동 : 포도 와인 산업화

• 농업 중심 지역으로 젊은 인구유출이 심각했던 영동을 와인산업 중심지로 육성.

• 지역 특산물인 포도를 활용해 와인 양조장을 설립하고, '대한민국 와인 페스티벌'을 개최, 농가와 협력해 소규모 와이너리 창업을 지원. 와인 체험 프로그램을 운영하여 국내 와인 시장에서 '영동 와인' 브랜드가 정착하며 지역경제 성장을 견인.

위에서 소개한 사례들은 지역의 독특한 자원과 문화를 창의적으로 활용하여 인구소멸 위기에 대응하고, 지역 공동체의 활력을 되찾는 데 기여하고 있다.

로컬 콘텐츠 기획 3단계 :
트렌디한 차별화, 아이디어 업그레이드

우리는 온오프, 국내외적으로 폭넓은 현장조사 및 분석을 통해 아이템 (정보)을 수집할 수 있었다. 하지만 아이템은 아직 가공되지 않은 날 것으로 타깃의 기호에 맞추기 위해서는 트렌드, 경쟁 관계를 고려해 차별화해야 한다.

아이템을 타깃에 맞게 차별화하는 것을 아이디어라고 할 수 있다. 아이디어는 어떤 일에 대한 구상, 고안, 생각, 착상 등'을 뜻하며 개념적으로 참신하고 유용한 구상을 말한다. 아이디어 구상은 현장조사를 통하여 얻은 그 지역만의 아이템에 로컬 기획자의 차별화된 상상력(Creative)을 가미하여 새로운 것을 만드는 것이다. 즉 수집한 정보에 새로운 생각을 집어넣어 차별화된 것으로 만드는 것을 아이디어라 할 수 있다.

예를 들어 생선을 잡아 바로 회(아이템)로 먹는 것도 좋지만 이를 숙성 (아이디어)시켜 먹거나 생선초밥, 회덮밥, 매운/맑은 탕 등 다양한 조리법으로 차별화하면 더 맛있고 다양한 요리를 먹을 수 있는 것과 같다. 이처럼 우리 지역만의 로컬 콘텐츠를 만들기 위해서는 차별화된 아이디어가 있어야 한다.

다양한 아이디어 발상법

아이템(정보)을 아이디어로 발전시키기 위해서는 브레인 스토밍법, 스캠퍼 기법, 카탈로그법, KJ법, 발상전환법, 정보조합법, 연상자극법 등 다양한 발상법이 있다.

1. 브레인 스토밍법

브레인 스토밍Brain Storming은 아이디어 발상을 위한 가장 대표적인 방법으로 창의적 태도나 능력을 증진시키기 위한 기법이다. 일상적인 사고 방법대로가 아니라 '뇌폭풍'이라는 해석처럼 제멋대로 거침없이 생각하도록 격려함으로써 좀 더 다양하고 폭넓은 사고를 통하여 새롭고 우수한 아이디어를 얻고자 하는 방법이다.

브레인 스토밍이라는 용어는 원래 정신병 환자의 정신착란을 의미하는 것이었으나 1941년 세계적인 광고대행사 BBDO의 '알렉스 F 오스본'이 제안한 '아이디어를 내기 위한 회의기법'에서 비롯한 뒤로는 자유분방한 아이디어의 산출을 의미하게 되었다.

이 과정에서 창의적 사고를 위해 꼭 지켜야 할 몇 가지 기본원칙이 있다.

첫째, 자신의 의견이나 타인의 의견에 대하여 일체의 판단이나 비판을 의도적으로 금지한다. 아이디어를 내는 동안에는 어떠한 경우에도 평가를 해서는 안 되며 아이디어가 모두 나올 때까지 평가는 보류하여야 한다.

둘째, 어떤 생각이든 자유롭게 표현해야 하고 또 어떤 생각이든 거침없이 받아들여야 한다.

셋째, 질보다는 양에 관심을 가지고 무조건 많이 내려고 노력한다.

넷째, 남들이 내놓은 아이디어를 결합시키거나 개선하여 제3의 아이디어를 내보도록 노력한다.

2. 스캠퍼 기법

스캠퍼(SCAMPER) 기법은 밥 에버르Bob Eberle가 고안한 아이디어 촉진 질문법이다. SCAMPER 기법은 S(Substitute-대체), C(Combine-조합), A(Adapt-적용), M(Modify or Magnify-수정 또는 확대), P(Put to other uses-다른 용도로), E(Eliminate or minify- 제거 또는 축소), R(Reverse or Rearrange-뒤집기 또는 재배열) 등 7개 아이디어 발상법의 머리글자를 딴 것이다.

SCAMPER 기법을 하나씩 살펴보자.

① S(Substitute-대체)는 정보(아이템)의 일부분(예를 들어 성분, 과정, 장소, 사람 등)을 다른 무엇으로 대체하는 것으로 치약 대신 가글, 부채 대신 선풍기 등이 있다.

② C(Combine-조합)는 다른 아이템과 결합해서 문제점을 해결하는 것으로 MP3에 카메라와 핸드폰을 결합하여 스마트폰을 만든 것이 있다.

③ A(Adapt-적용)는 정보를 응용(각색)하여 다른 곳에 활용하는 것으로 지문 인식 기능을 활용한 디지털 도어록, 조명을 활용한 살균기기 등이 있다.

④ M(Modify or Magnify)은 수정 또는 확대는 정보를 수정, 확대하여 다른 것

으로 변환하는 것으로 바나나맛 우유, 꼬부라진 물파스, 내시경 카메라 등이 있다.

⑤ P(Put to other uses)는 다른 용도로 수집한 정보를 다른 용도로 사용하는 것으로 무전기를 휴대폰으로, 폐품을 예술품으로, 물파스를 얼룩 제거제로 만든 것이 사례이다.

⑥ E(Eliminate or minify)는 제거 또는 축소는 정보의 기능, 부품 등 부분을 제거하거나 축소하는 것으로 무가당 껌(오렌지), 무선 티포트(주전자), 간단 휴대폰(리모콘) 등의 사례가 있다.

⑦ R(Reverse or Rearrange)은 뒤집기 또는 재배열은 정보 순서, 배치 등을 바꾸어 변환을 유도하는 것으로 누드 김밥, 마트에서 홈쇼핑으로, 학원에서 인터넷 강좌로 변환한 것이다.

3. 카탈로그법

카탈로그법은 주로 개인이 분명한 목적의식을 갖고 도형, 사진, 광고, 카탈로그, 문서 등을 보면서 아이디어 발상을 기대하는 것이다. 즉 카탈로그, 사진, 문서 등 참고자료를 통해 순간의 번뜩임을 잡아내는 것이다.

4. KJ법

KJ법은 가설 발견의 방법이다.

개개의 사실이나 정보를 보고 직감적으로 서로 어떤 관계가 있다고 느끼는 것끼리 만들어 나아가는 것이다. 이 방법은 문화인류학자인 일본의 카와 기다지로가 고안해낸 것으로 이름의 이니셜을 따서 KJ법이라고 명명하였다.

이 방법의 특징은 하나의 사실, 관찰한 결과 또는 사고한 결과(정보) 등을 각각 작은 카드에 단문화 하여 기입해서 활용하는데, 그 방법의 전개 순서는 다음과 같다.

- 사실, 관찰 결과, 생각한 것들을 노트에 모두 기록한다.
- 각 정보마다 그 내용을 단문화 한다. 가급적 한 줄로 표현하여 정보의 내용이 쉽게 눈에 들어오도록 한다.
- 작성한 카드를 모두 책상 위에 보기 쉽게 늘어놓고 내용이 비슷한 것, 어떤 관계가 있는 것끼리 2~3매를 모아 그것을 소그룹으로 분류한다.
- 소그룹으로 모인 내용을 다시 분류하여 그 내용을 나타내는 단문 카드를 작성한다.
- 카드의 숫자가 많을 때는 이것을 다시 대그룹으로 나눠 표찰을 만들어 전체의 설명이나 가설을 찾는다.
- 카드 집단별로 알기 쉽게 그리고 가설을 발상하기 쉽게 그림으로 엮어본다. 관계가 있는 카드를 가까이 배치하거나 테두리를 쳐서 그 위에 표찰을 붙인다. 상관관계가 있는 것끼리 화살표로 연결하여 가설을 쉽게 이해할 수 있도록 한다.

이외에도 아이디어를 만드는 방법은 무수하게 많다. 여기서 유의할 점은 위의 방법은 방법론일 뿐이고, 방법을 사용해서 아이디어를 내는 것은 우리 자신이라는 것이다. 따라서 일상생활 속에서 다양한 경험과 꾸준한 콘텐츠 아이템 수집을 통해 새로운 아이디어를 만들 수 있는 자신만의 방법을 직접 강구해 보는 것이 좋겠다.

나만의 아이디어 만들기

아이디어를 만들기 위해서는 다양한 방법이 있지만 좀 더 차별화된 아이디어를 만들기 위해서는 나만의 아이디어 발상법이 필요하다. 필자는 운 좋게 첫 사회생활부터 지금까지 기획(마케팅, 콘텐츠) 관련 일을 하면서 나만의 아이디어 발상법을 통해 좋은 생각을 현실화시켰다.

나만의 발상법은 첫째, 주어진 정보에 하나(또는 여러 개)를 더하는 방법(+1/+n), 둘째, 재미있게 만드는 방법(Fun), 셋째, 생각의 틀을 깨트리는 방법(Break), 넷째, 생활에 자연스럽게 적용하는 방법(Natural), 다섯째, 서로 믹스하여 변화시키는 방법(Mix&Change) 등이 있다.

하나씩 구체적으로 살펴보자.

1. +1, 하나를 더한다

하나를 더함으로써 아이디어를 업그레이드 하는 몇 가지 사례를 살펴보자.

① 색(色, Color)을 더한다.

유명 아이돌 그룹은 유닛앨범을 발표하면서 같은 앨범을 여러 가지 컬러로 색을 차별화하여 출시했다. 결과는 한 가지 색으로 앨범을 만들었을 때보다 매출이 컬러 수만큼 올랐다. 이유는 팬들의 콜렉션 수집 심리를 파악했기 때문이다. 이러한 컬러를 다양화하여 성공한 사례로 스마트폰이 소비자의 기호에 맞추어 다양한 컬러를 출시하여 판매를 2~3배 높인 것이다.

② 안전_{安全}을 더한다.

프리미엄 오토바이 생산 기업인 H사는 신제품에 안전을 더하기 위해 에어백을 더하며 자연스럽게 가격도 올리고, 신뢰도도 높이게 되었다.

현대자동차는 프리미엄 모델에 해외 명품 프라다의 디자인을 더하고 한정 판매하는 마케팅을 전개하여 조기에 완판 하는 결과를 거두었다.

영화, 방송, 게임 등을 홍보하기 위해 광고를 랩핑_{Wrappin}한 자동차를 운영하여 시선을 끌고, 버스 안에 문화예술을 체험할 수 있는 시설을 갖추어 움직이는 예술체험장을 만드는 것도 자동차에 아이디어를 더한 사례이다.

③ 장소를 더한다.

골프는 잔디가 있는 곳에서 하는 스포츠로서 겨울에는 땅이 얼어 운동을 하기가 쉽지 않다. 그래서 만들어진 것이 실내골프장이다. 실외에서 실내로 옮긴 실내골프장은 평소에도 많은 사람들이 즐겨 찾는 실내스포츠 장소가 되었고 최근에는 실내 야구장, 실내 사격장 등으로 다양하게 변화, 발전되었다.

이 밖에도 스포츠를 하는 장소를 경기장을 벗어나 우리가 흔히 생각하는 장소(거리)에서 대중화되거나 독특한 장소를 하나 더 생각하여 성공한 사례가 많이 있다. 바다 위에서, 고층빌딩 옥상의 헬리콥터 이착륙장에서 세계적인 테니스 대회를 홍보한 것이 그 사례이다. 콘텐츠 적용 사례로는 해수욕장에 도서관 만들기, 산속 음악회 등이 기존의 장소에 새로운 아이디어를 더한 사례가 있다.

5~6년 전부터 한국 뮤지컬이 해외에서 열풍을 일으키고 있다. 그런데

뮤지컬은 영화나 게임에 비해 티켓 가격이 매우 높은 편이다. 그래서 보다 많은 관객에게 저렴하게 볼 수 있도록 뮤지컬 공연을 극장에서도 동시 실황으로 중계함으로써 많은 사람이 볼 수 있게 만들었다. 사례로 '잭 더 리퍼'의 요코하마 공연을 오사카 영화관 스크린과 연결하여 '생중계 뮤지컬'의 시대를 연 것이다. 코로나-19 시기 무관중 콘서트나 랜선 콘서트도 변형된 사례라고 볼 수 있다. 이밖에도 비슷한 사례로 버스 안에서의 콘서트, 버스 미술관, 듣는 사진전 등이 있다.

④ 시간을 더한다.

마라톤은 낮에만 하는 것이 아니라 밤에도 할 수 있다. 건전지 브랜드인 '에너자이저'는 마라톤을 낮에만 하는 경기가 아니라 야간에도 할 수 있도록 건전지를 넣은 헤드랜턴을 머리에 쓰고 밤에 달리는 야간 마라톤 대회를 수 년째 열고 있다.

⑤ 음악을 더한다.

전 세계적으로 주목받는 K팝에 클래식 음악을 더한 것이다. 블랙핑크의 두 번째 정규앨범 본핑크BORNPINK의 타이틀곡 '셧다운'은 파가니니의 '라 캄파넬라'를 인트로 부분에 샘플링을 하여 안무영상이 126일만에 유튜브 1억 뷰를 돌파하는 놀라운 기록을 세웠다. 클래식을 더하는 샘플링은 국내뿐 아니라 전 세계에서도 대중성을 확보하는 동시에 고급화를 꾀하는 전략으로 많이 활용되고 있다.

이상의 사례들처럼 현재 아이디어로 좋은 반응을 얻고 있는 것을 벤치마킹하여 새로운 콘텐츠에 +1을 하여 업그레이드 시키면 좋은 아이디어로 만들 수 있을 것이다.

또한 여러 개를 합하여 멋진 콘텐츠를 만들 수도 있다. 해외에서 남녀노소 1,000명이 보컬, 기타, 드럼을 합주하는 축제를 개최하였는데, 매우 멋진 연주 행사가 되었다.

2. 재미를 더한다

사람들의 관심을 끌기 위해서는 무엇보다 재미가 있어야 한다.

사람들의 음식에 대한 욕구는 때와 장소를 가리지 않는다는 점에 착안하여 기존의 구조물이나 장소에 사람, 또는 콘텐츠의 속성을 재미있게 더하여 고객의 심리를 자극하는 아이디어를 만든 사례가 많다.

예를 들어 항구에 정박한 배를 묶는 로프에 사람의 이미지를 더하여 스파게티 전문점을 홍보하고 공원 벤치에 초콜릿 색칠을 하여 자연스럽게 초콜릿을 먹게 싶게 만든 사례는 기존의 콘텐츠 아이템(정보)에 재미를 더하면 멋진 아이디어가 되는 사례라고 할 수 있다. 기존 구조물에 과장된 이미지를 재미있게 부착함으로써 좋은 효과를 얻는 방법도 있다.

3. 틀을 깨트린다

사람들에게 강력한 이미지를 전달하기 위해서는 기존의 상식적인 틀을 깨는 강력한 방법이 좋다. 즉 고객의 상상을 뛰어넘어 뇌리에 깊게 콘텐츠의 콘셉트, 이미지, 브랜드를 알리기 위해 주어진 정보를 새로운 장소에 모양/디자인을 파격적으로 바꾸는 방법이다. 쓰레기를 아무데나 버리는 것을 보고 쓰레기를 재미있게 버릴 수 있도록 농구 골대처럼 만든 쓰레기통을 만들었던 사례와 같은 것이다.

나이키에서는 쓰레기를 함부로 버리는 지역에 농구대 쓰레기통을 만들고, 깨끗한 환경을 만드는 효과는 물론 백보드에 브랜드 로고를 넣어 자연스럽게 광고효과를 거두었는데, 이는 광고란 깨끗한 장소에서 해야 한다는 기존의 틀을 과감히 깬 좋은 사례다.

세계적인 오토바이 제작사인 할리데이비슨은 남자들이 지하철이나 버스의 손잡이를 잡을 때 오토바이 타는 기분을 느낄 수 있게 버스 손잡이에 오토바이 핸들을 부착하여 일상에서 신나는 경험을 하게 해 주었다. 이 역시 어디에서든 오토바이를 탈 수 있다는 이미지를 전달하기 위해 장소의 틀을 깬 사례라 할 수 있다.

4. 일상생활과 자연환경을 활용한다

아이디어를 친근하게 전하기 위해 가장 손쉬운 방법은 의식주와 관련된 생활 제안과 우리를 둘러싼 자연을 이용하는 것이다. 특히 타깃(고객)의 기호에 맞춘 콘텐츠 제안은 더욱 전달력이 높아 아이디어의 효과를 극대화 시킬 수 있다.

생활과 자연을 활용한 몇 가지 사례를 살펴보면 공중화장실에서 휴지를 너무 많이 쓰고 아무데나 버리는 경우가 많아 이를 개선하기 위해 휴지 용기를 나무모양으로 만든 사례가 있다. 환경을 생각하게 함으로써 자연스럽게 휴지를 절약하게 하였고, 화장지도 자연 소재로 만들었음을 감성적으로 알리며 좋은 효과를 거둘 수 있었던 것이다.

벽화를 통한 마을환경 개선과 예술 콘텐츠로 활용한 사례도 있다. 우리 주위에서 흔히 볼 수 있는 마을 벽화는 페인트로 그림만 그린 사례와 기존 구조물에 입체적인 이미지(소재)를 넣어 배경과 자연스럽게 조화시킨 사례를 부산 감천마을, 인천 동화마을 등에서 볼 수 있다. 벽화에서 한 걸음 더 나아가 유명 시인의 시와 연관되는 이미지의 그림으로 단순한 벽화를 넘어 하나의 예술작품처럼 느껴지도록 만들기도 하였다. 그리고 기존의 나무에 벽화를 추가하여 멋진 작품을 만든 사례도 있다. 이처럼 기존의 사물(아이템)을 활용하여 새로운 콘텐츠를 창조하는 것이 아이디어다.

그리고 페인트로 벽화를 그려 마을을 콘텐츠화 하는 경우가 너무 많아짐에 따라 차별화를 위한 레고블록, 털실 등을 활용한 아이디어 사례도 있다. 겨울철 가로수에 털실로 예쁘게 감싸서 따스한 거리를 만드는 사례도 '스트리트 아트 콘텐츠street art contents'라고 할 수 있다. 이와 같은 대부분의 아이디어는 지극히 평범한 일상 속에서 나오게 된다.

아이디어를 만드는 6가지 도구

아이디어는 어떻게 만드는 걸까?

필자는 책, 마인드맵, 현장방문, 만남, 메모, 벤치마킹 등 6가지의 도구를 통해 아이디어를 얻기 위한 방법으로 활용해 볼 것을 제안한다.

1. 책

아이디어를 만드는 가장 기본적인 도구는 '책'이다. 책을 읽는 이유는 읽는 만큼 시야를 넓힐 수 있기 때문이다. 책은 우리가 과거, 현재, 미래 속에서 만날 수 없는 사람과 경험할 수 없는 환경을 전문가를 통해 만날 수 있는 통로이다. 아이디어가 생각과 경험을 통해 나오는 것처럼 우리의 생각에 경험을 더하기 위해서는 절대적으로 '책'이 필요하다.

한 주에 수십 권, 한 달이면 수백 권의 국내외 서적들이 출간되고 있다. 일주일에 한 번씩 서점을 들려 1~2시간을 돌아보면 새로 나온 책이 너무 많아 무엇을 읽어야 할지도 모를 정도이다. '책'이라는 도구를 통해 아이디어를 만들어 내기 위해서는 좋은 책을 읽어야 한다. 아마존의 제프 베조스, 페이스북 창업자인 마크 주커버그, 마이크로소프트의 빌 게이츠 등 세계적인 회사의 CEO는 물론 유명 유튜버에 이르기까지 아이디어를 만드는 원천은 책에서 시작된다고 말하고 있다.

그렇다면 너무나 많은 책 속에서 아이디어를 얻기 위해 어떤 책을 읽어야 할까?

가장 손쉬운 방법은 자신의 취향과 눈높이에 맞는 책을 읽는 것이 가장 좋겠으나 이는 찾는 데 시간이 많이 소요되므로 전문기관에서 추천한 책이나 명사들이 추천하는 서적을 읽는 것을 추천한다. 그리고 롤모델로 삼고 싶은 인물이나 국내외적으로 유명인사(기업인, 문화예술인 등)가 읽는 책은 반드시 읽어야 한다.

필자는 아이디어를 만들고 기획에 도움을 얻기 위해 인문, 역사, 디자인 관련 서적을 읽는다. 인문학을 통해 인간의 삶에 대한 통찰력을 얻을 수 있고, 역사서적을 통해서는 과거에서 현재까지 일어난 일련의 사건을 읽으며 현재의 상황별로 어떻게 대처해 나아가야 할지에 대한 아이디어를 얻을 수 있다. 특히 콘텐츠에 대한 경쟁력을 높이기 위해 문화, 예술 등에 대한 소양과 역사에 대한 지식도 매우 중요하다. 그리고 요즘처럼 비주얼이 강조되는 시대에는 디자인이 매우 중요하다. 그래서 디자인, 광고 관련

서적도 읽어야 한다. 이러한 책과 병행하여 마케팅 및 기획 관련 서적을 읽으면 아이디어를 글로 옮기고 실행력을 높이는 데 도움이 될 것이다

2. 마인드맵

마인드맵Mind Map이란 문자 그대로는 '생각의 지도'란 말이다. 사전에서 살펴보면 마음속에 지도를 그리듯이 줄거리를 이해하며 생각을 정리하는 방법이다. 즉 자신의 생각을 지도 그리듯이 이미지화하여 창의력을 업그레이드시키는 방법이다.

마인드맵은 영국의 토니 부잔Tony Buzan이 1960년대 컬럼비아대학원을 다닐 때 인간 두뇌의 특성을 고려해 만들어냈다. 사람들이 그림과 상징물을 활용해 배우는 것이 훨씬 더 효과적이라고 생각하며 생각과 아이디어를 나무처럼 바깥으로 가지를 뻗어 나가게 하며 생각을 정리하는 방법이다.

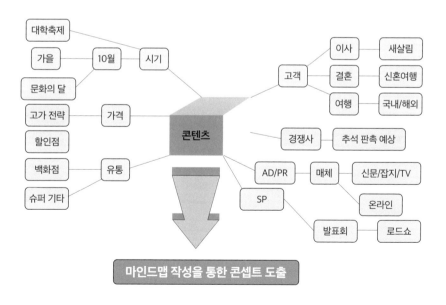

마인드맵 작성을 통한 콘셉트 도출

아이디어를 만들고 기획을 할 때 중요한 것은 논리적으로 전개해야 한다는 것이다. 그래서 마인드맵을 활용하여 생각을 논리적으로 정리하는 방법은 주제어를 중심으로 생각해야 할 것들을 우선 대분류(시기, 가격, 고객, 마케팅, 인력운영 등)한 후 이를 바탕으로 세부적으로 어떻게 할 것인가를 계속 적어가면 된다.

앞의 이미지는 필자가 새로운 콘텐츠를 런칭하기 위한 아이디어와 콘셉트를 도출하기 위해 마인드맵을 활용하여 생각을 정리한 것이다. 위 그림과 같이 마인드맵 방식을 통해 머릿속에 떠오르는 생각들을 종이에 직접 그려보면서 콘텐츠 기획 아이디어를 체계적으로 정리할 수 있다.

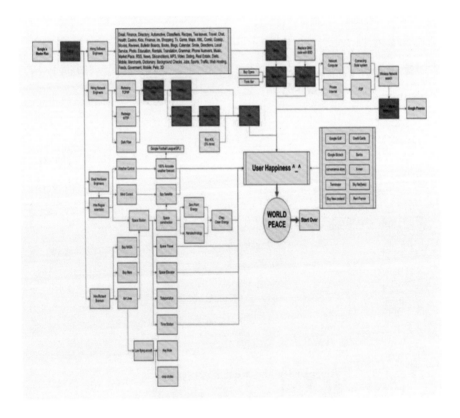

앞의 이미지는 세르 게이브린과 래리 페이지가 '구글' 설립 당시, 마스터 플랜을 짜기 위해 그렸던 마인드맵이다. 구글은 회사를 어떻게 체계적으로 운영할 것인가에 대해 가장 먼저 고용(Hiring)을 핵심 키워드로 놓았다. 즉 누구와 함께 일한 것인가를 최우선으로 고려하고 최종적으로 사용자들의 행복(User Happiness)을 통한 세계 평화(World Peace)를 목표로 마인드맵을 완성한다.

마인드맵을 만들 때는 다음 사항을 유의하여 작성하도록 한다.

① 콘텐츠나 프로젝트를 중심으로 주 가지를 너무 많지 않게 해야 한다. 가지를 쳐 주어야 나무가 잘 자랄 수 있듯이 너무 세부적인 가지는 주 가지 밑으로 정리해야 한다. 주主 가지는 부附 가지들을 포괄하는 핵심 주제이다.

② 가지를 그리는 중 생각이 단절될 경우에는 무리하게 고민하지 말고 다른 가지로 넘어가면 된다.

③ 가지를 뻗다가 다른 가지와 연관이 있는 경우에는 연결하여 새로운 아이디어를 만든다. 즉 중심 가지로부터 서로 다른 주가지에서 나온 가지들이 연관되어 있는 경우 두 가지를 연결시켜 새로운 생각을 만들어내는 것이다.

④ 마인드맵의 용어는 가급적 키워드(단어, 기호, 그림 등)를 사용하여 한눈에 보기 좋고 이해하기 쉽게 만들도록 한다.

3. 인구 밀집지역 방문

책상 앞에만 앉아 있으면 '우물 안 개구리'식 탁상공론만 하게 되고 아이디어가 잘 떠오르지 않는다. 그래서 생동감 있는 콘텐츠 기획 아이디어를 얻기 위해서는 책상에서 일어나 현장에 나가 답을 찾아야 한다. 이럴 때는 사람들이 많이 모이는 곳으로 가서 무엇에 관심을 가지고 어떤 물건들이 구매하는지, 어떤 색의 옷을 입고, 머리 스타일은 어떤지 등을 살펴보면 잘 생각나지 않던 것들이 새로운 아이디어로 떠오르는 경우가 많다. 특히 고객의 기호와 트렌드를 파악하려는 콘텐츠 기획자는 반드시 일주일에 한 번 이상 현장에 나가야 한다.

일본 최고의 부자인 유니클로, 야나이 다다시 회장은 현장 경영으로 유명하다. 자기 매장은 물론 경쟁사 매장까지 수시로 방문하여 고객의 동향을 살피면서 트렌드를 파악하여 경영 및 상품기획에 반영한다.

어떤 방송작가들은 버스, 지하철 같은 대중교통을 타고 이동하면서 사람들의 이야기나 밖의 풍경을 보면서 아이디어를 구상한다고 한다. 그래서 기획자들은 여행을 자주 다닌다.

그렇다면 어떤 현장으로 나가야 할까? 우선 사람들이 많이 모이고 인구가 밀집한 지역을 방문하는 것이 좋다. 그곳에 가면 고객과 매장의 최신 동향을 보고 분위기를 파악할 수 있다.

그래서 아이디어를 얻기 위해 장소를 잘 선정하고 현장방문을 해야 한다. 사람들이 많이 모이는 곳에서는 콘텐츠에 대한 고객 반응을 체크하고 트렌드를 관찰하는 테스트 마케팅 장소로 다양한 이벤트와 행사가 열리고, 고객들의 다양한 움직임을 통해 현재의 트렌드와 향후의 트렌드를 예측한다. 성수동에 팝업 스토어가 많은 이유이다. 즉 인구가 밀집되는 지역을 찾아가서 매장에서는 무엇이 팔리고, 고객들은 무엇을 찾는지를 살펴봄으로써 콘텐츠 기획에 필요한 아이디어와 소재를 발견할 수 있는 것이다.

정기적으로 영화, 전시회, 콘서트, 음악회 등 문화공연을 관람하는 것도 아이디어를 얻는 좋은 방법이다. 문화공연을 통해 새로운 경험 속에서 색다른 아이디어를 얻게 되고 참여한 고객들의 반응을 보며 고객들이 무엇을 원하는지를 파악할 수 있다.

4. 만남

아이템 수집을 위해 가장 중요한 것이 인적 네트워크, 인맥이라고 앞에서 살펴보았다. 만남을 통한 인적 네트워크의 구축이 아이디어를 만들고 적용하는 가장 중요한 방법이다. 인맥을 쌓기 위한 방법으로는 여러 가지 있으나 가장 좋은 것은 만남과 모임에 적극적으로 참여하는 것이다.

사람들은 대부분 어려운 문제일수록 혼자서 고민하게 되는데, 혼자 하면 할수록 더욱 딜레마에 빠지게 된다. 아이디어를 생각하는 도중에 진척이 없을 때 가장 좋은 방법은 사람을 만나 고민을 나누는 것이다. 친구나 주변 동료, 동호회 사람들을 만나 잘 안 풀리는 부분에 대해 이야기를 나누어 보면 의외로 빨리 답을 얻을 때가 많다. 특히 문제를 다른 사람에게 이야기를 하는 도중에 자신도 모르게 머리에서 좋은 생각이 떠올라 문제가 풀리는 경우도 있다.

아이디어를 만든 후에도 만남은 중요하다. 자신이 생각하기에 좋은 아이디어라도 다른 사람들이 이해하지 못하는 경우가 있다. 이러한 경우를 대비하여 아이디어를 만든 후에 반드시 다른 사람들에게 정말 괜찮은지 검토를 받는 것이 좋다. 만남의 범위는 학교 친구는 물론 가족, 친구, 고객에 이르기까지 광범위하게 하며, 정기적으로 모임에 참석하여 아이디어와 정보를 나누도록 한다. 그리고 모임에 나갈 때는 반드시 명함을 지참, 교환하며 자연스럽게 인맥을 쌓도록 한다. 아이디어는 현장에서 고도화된다. 반드시 시장에서 반응을 살피며 아이템을 아이디어로 업그레이드해야 한다.

5. 메모

무언가를 잃어버렸을 때 아무리 찾아도 찾을 수 없을 때가 있다. 이럴 때는 잠시 다른 일을 하면 생각나는 경우가 많다. 이처럼 책상 앞에서 도저히 아이디어가 생각나지 않을 때는 하던 일을 잠시 중단하고 주변을 걷거나 나와서 10분이라도 바깥 공기를 쐬며 산책하면 신기하게도 아이디어가 떠오르게 된다. 굳이 시간을 내어 산책하기가 어렵다면 출퇴근(통학)시간, 점심시간, 휴식시간, 기다리는 시간 등 자투리시간을 이용하여 아이디어 발상 타임으로 만들어 보면 좋을 것이다.

누구든지 어떤 일에 몰입하게 되면 크고 작은 아이디어가 하루에도 여러 번 떠오르게 된다. 특히 잠자리에 들었을 때, 밥을 먹을 때, 샤워를 할 때, 운동을 할 때 등 예측할 수 없는 순간에 아이디어가 떠오르는 경우가 많은데, 아무리 메모를 할 수 없는 상황이라도 이때를 놓치면 아이디어가 다시 생각나지 않고 사라지므로 반드시 스마트폰에 메모하도록 한다.

'둔필승총鈍筆勝聰'이라는 말이 있다. '둔한 필기가 총명한 머리를 이긴다'는 뜻으로 메모의 중요성을 일깨우는 말이다. 메모광으로 유명한 에디슨은 3,400권의 메모노트를 통해 1,900건의 발명품을 개발하였다. 크리스마스의 유령, 배트맨을 기획, 제작한 팀버튼Tim Burton 감독은 냅킨에 생각나는 영상 이미지를 메모하는 것으로 유명하다.

이처럼 메모는 아이디어를 필요로 하는 기획자에게 매우 중요한 수단이다. 여러 책들과 유명인사들의 성공담을 통해 메모의 중요성은 검증되었으며, 보다 구체적이고 차별화된 메모를 하기 위해서는 숫자에 대한 메모도 신경을 써야 한다.

6. 벤치마킹

아이디어를 가장 손쉽게 만들 수 있는 방법으로 같은 분야나 유관 분야의 성공사례를 따라하는 것이다. 벤치마킹bench-marking은 "어느 특정 분야에서 우수한 상대를 표적으로 삼아 자기 기업과의 성과 차이를 비교하고, 이를 극복하기 위해 그들의 뛰어난 운영 프로세스를 배우면서 부단히 자기혁신을 추구하는 경영기법"이라고 나와 있다.(네이버 지식사전) 즉 뛰어난 상대에게서 배울 것을 찾아 배우는 것이다.

벤치마킹은 원래 토목 분야에서 사용되던 말이다. 강물 등의 높낮이를 측정하기 위해 설치된 기준점을 벤치마크benchmark라고 부르는데, 그것을 세우거나 활용하는 일을 벤치마킹이라고 불렀다. 그 후 컴퓨터 분야에서 각 분야의 성능을 비교하는 용어로 사용되다가 기업 경영에 도입된다.

경영 분야에서 이 용어가 처음 사용된 것은 1982년 미국 뉴욕주 로체스터에서 열린 제록스Xerox 사의 교육 및 조직개발 전문가 모임이었다. 제록스는 일본의 캐논 등의 관련 회사에 뒤지는 이유를 단순히 복사기의 부품 문제뿐 아니라 디자인, 생산, 주문 처리의 모든 면을 분석해 일본식 작업 방식을 배우는 벤치마킹을 시도, 벤치마킹의 꽃을 피우게 되었다.

그리고 1989년 로버트 캠프 박사가 집필한 『벤치마킹』이란 저서에서는 동종업계가 아닌 다른 업계의 경영기법도 비교·분석해 벤치마킹의 범위를 확대했다. 벤치마킹 기법을 활용한 경영혁신의 추진은 일반적으로 ① 벤치마킹 적용 분야의 선정 ② 벤치마킹 상대의 결정 ③ 정보 수집 ④ 성과와 차이의 확인 및 분석 ⑤ 벤치마킹 결과의 전파 및 회사 내 공감대 형성 ⑥ 혁신계획의 수립 ⑦ 실행 및 평가 순으로 진행된다.

벤치마킹을 성공적으로 활용하기 위해서는 벤치마킹의 적용 분야, 벤치마킹 상대, 성과 측정지표, 운영 프로세스라는 벤치마킹의 4가지 구성요소에 대한 명확한 이해가 필요하며, 이에 대한 적극적인 실행과 체크가 요구된다.

벤치마킹은 첫째, 무엇을 벤치마킹 대상으로 할 것인지에 이어 둘째, 누가 최고인가를 살펴야 한다. 벤치마킹은 1등을 대상으로 하는 것이다. 1등은 국내뿐 아니라 세계 1등을 살펴보며 벤치마킹할 포인트를 찾아낸다. 세 번째로 우리는 어떻게 하고 있는가? 마지막으로 다른 회사는 어떻게 하고 있는가의 순서에 맞추어 시행한다.

벤치마킹에서 유의할 점은 같은 업종은 물론이고 다른 업종의 성공사례는 물론이고 더불어 실패사례도 반드시 참고하여 똑같은 실수를 범하지 않도록 해야 한다. 즉 한 회사만 벤치마킹하는 것이 아니라 시스템, 프로세스, 디자인 등 1등으로 특화된 부분으로 여러 회사를 벤치마킹하는 것이 좋다. 벤치마킹 대상은 1등 지역, 관련 분야 1등 콘텐츠, 트렌드를 이끄는 서비스 등이다.

지금도 새로운 아이디어가 계속해서 만들어지고 있다. 우리는 기존의 아이디어를 가지고 어떻게 재창조할 것인가, 어떻게 차별화시킬 것인가를 고민하며 나만의 아이디어로 업그레이드 시켜야 성공하는 콘텐츠를 기획 할 수 있을 것이다.

위대한 예술가 파블로 피카소는 "좋은 아티스트는 베끼고 위대한 아티스트는 훔친다"고 하였다. 텐센트의 최고경영자 마화텅(Ma Huateng)은 "고양이를 보고 호랑이를 그리라"고 말했다. 베끼는 것을 뛰어넘어 더 위대한 것으로 아이디어를 업그레이드 함으로써 성공적인 콘텐츠를 기획해야 한다는 것이다.

우리는 지금까지 현장조사를 통해 얻은 아이템을 차별화하기 위해 아이디어로 차별화하는 것에 대해 살펴보았다. 즉 차별화된 로컬 콘텐츠 기획을 위해 아이디어가 꼭 필요하다. 재미난 아이디어는 타깃에게 콘텐츠나 콘셉트, 이미지를 효과적으로 전달한다.

우리는 음식점에서 흔히 주문을 하거나 서비스를 요청하기 위해 호출벨을 사용한다. 보통 호출 벨에는 호출 버튼만 있다. 이러한 단순 호출 벨에 추가주문 메뉴 버튼(물, 반찬, 소주, 맥주, 계산서 등)을 만들면 주문하는 사람과 받는 사람의 수고를 줄일 수 있다. 이처럼 업그레이드된 아이디어를 통해 손님은 재미가 있어 더욱 많은 주문을 하게 되고, 매장 주인은 많은 매출로 수익을 얻게 되는 1석 2조의 효과가 있다.

프로야구 1,000만 관객 시대와 더불어 모 맥주회사에서 각 구단별 로고를 활용한 맥주를 출시했다. 야구장에서 맥주를 마시는 문화에 맞추어 더욱 많은 수요를 창출하기 위한 것이었다. 그런데 일본에서는 이를 맥주뿐 아니라 다양한 음료수 및 굿즈로 확대하여 타깃 층을 넓힘으로써 판매 및 범위를 더욱 확대하였다.

그러나 이처럼 멋진 아이디어도 오래 기억되지 못하는 단점이 있다. 예를 들어 우리 주위에 매일 만나는 너무나 잘 알려진 브랜드인데도 어느 회사제품인지 모르는 경우가 허다하다. 이유는 재미있고 공감 가는 아이디어라고 해도 순간적인 효과는 있으나 지속적으로 전달하는 힘이 약하기 때문이다.

반짝 아이디어의 한계를 극복하기 위해서는 스토리가 있어야 한다. 스토리는 아이디어에 지속성과 파급성을 보완하여 콘텐츠의 힘을 더욱 높이게 된다. 반짝이지만 금방 사라지는 아이디어에 지속적인 생명력을 주기 위해서는 스토리를 꼭 입혀야 한다.

로컬 콘텐츠 기획 4단계 :
지속성 강화를 위한 스토리텔링과 스토리두잉

현장조사를 통해 아이템을 선정하고 차별화를 위해 아이디어를 더한 후 구전효과口傳效果를 통한 지속적인 생명력을 더하기 위해 스토리가 필요하다.

스토리는 아이디어를 전달하는 기초이며 가장 강력한 커뮤니케이션 도구이다. 이는 상대의 감성에 호소하여 흥미와 몰입을 이끌어내기 때문이다.

스토리는 3가지의 힘을 가지고 있다.

① 가장 효과적인 전달 방법이다.

아이디어에 스토리를 덧붙이면 상대방이 오래 기억하게 되고, 나아가 다른 사람들에게 이야기를 전하는 구전효과를 불러일으킨다.

② 명확한 설득력을 발휘한다.

기획한 내용을 전달할 때 현장의 이야기, 경험한 이야기, 성공 사례 등 스토리를 가미하면 금방 이해하고 신뢰도를 높여 설득이 용이하다.

③ 강력한 마케팅 도구로 활용된다.

고객에게 콘텐츠, 브랜드를 직접적으로 전달하면 거부감을 갖는 경우가 많다. 그런데 스토리텔링을 가미한 마케팅은 고객들에게 자연스럽게 다가가 상업적인 마케팅보다 더욱 큰 효과를 발휘하게 된다. 그래서 스토리텔링 마케팅을 활발히 시행하고 있다.

세계적인 스토리 : 미키마우스와 해리포터

스토리의 중요성을 알아보기 위해 세계적으로 성공한 캐릭터에 대해 살펴보자.

첫 번째 사례는 세계적으로 가장 유명한 캐릭터 월트디즈니의 '미키마우스'다.

미키마우스는 매년 6조 원의 매출을 거두는 엄청난 캐릭터이다. 미키마우스는 어떻게 해서 세계적으로 성공한 캐릭터가 될 수 있었을까?

여러 이유가 있겠지만 가장 큰 이유는 '스토리'다. 1928년에 태어난 미키마우스는 올해 97세가 되었으며 '스팀보트 윌리Steamboat Willie'라는 작품으로 데뷔를 했다. 당시에는 이름도 미키가 아닌 '모르티머'였으며 흑백에 지금의 모습과는 조금 다른 형태로 등장하였다. 처음에는 큰 반응이 얻지 못하였지만 '미키 마우스'로 이름을 바꾸고, 여자 친구 미니, 도널드 덕, 구피 등 새로운 친구들을 등장시키며 '미키와 친구들'로 스토리를 확장하며 큰 인기를 끌기 시작하였다. 이로 인해 세계적으로 유명해지고 애니메이션에서 만화, 테마파크 등의 비즈니스 확장으로 엄청난 매출을 기록하는 세계 최고의 캐릭터가 되었다. 디지털 시대의 우리나라 핑크퐁도 이와 맥락을 같이한다고 볼 수 있다.

두 번째 사례로 세계적으로 가장 성공한 스토리의 또 하나는 영국을 문화 콘텐츠 강국으로 변화시킨 '해리포터'다.

해리포터 시리즈는 7편 23권으로 전 세계에 67개국 언어로 4억 5천만 부가 팔렸다. 영화로도 8편이 제작되어 70억 달러의 수익을 올리며 부가가치 300조 원이라는 경이적인 매출 실적을 거두었다. 300조 원은 삼성전자 2022년 매출액과 비슷한 금액이다.

해리포터의 세계적인 성공은 멋진 스토리를 책으로 엮은 출판과 더불어 영화, DVD, 비디오, 게임, 음악(OST), 광고, 캐릭터상품, 관광, 테마파크 등 스토리를 바탕으로 한 OSMU(One Source Multi Use)의 힘이라고 할 수 있다.

특히 문화콘텐츠로서 스토리의 힘은 차별화된 경쟁력으로 매우 중요하다.

창의적인 생각을 공감할 수 있는 스토리로 글로벌하게 성공한 방탄소년단, 영화 기생충, 시리즈 드라마 오징어게임이 대표적인 사례라고 할 수 있다.

이처럼 잘 짜인 스토리는 나라도 발전시키고 세계 최고의 기업도 능가하는 놀라운 힘을 발휘한다. 그러므로 타깃 고객에게 사랑받는 콘텐츠, 브랜드, 제품을 만들기 위해시는 스토리 구성에 주력해야 할 것이다.

스토리텔링이란?

우리는 수많은 스토리 속에 살고 있다. 매일 매일 아침부터 저녁 잠드는 시간까지 스마트폰으로 TV로 신문, 광고, 드라마, 스포츠, 영화, 게임 등 다양한 매체와 콘텐츠를 통해 여러 스토리를 만나게 된다. 그런데 가장 많이 접하는 방송 매체의 스토리를 살펴보면 상업적이거나 노골적으로 의도가 담긴 이야기로 거부감이 생겨 전달력이 떨어지는 단점이 있다. 그래서 상업적인 이미지를 지운, 우회적인 이야기가 필요하게 되었고 이를 위해 스토리텔링이 탄생하게 되었다.

스토리텔링은 내가 상대방에게 알리고 싶은 정보를 생생한 이야기로 설득력 있게 전달하는 것을 말한다. 스토리 또는 내러티브Narrative는 모든 문화권에서 교육, 문화 보존, 엔터테인먼트의 도구로서 또 도덕적 가치를 가르치는 방법으로서 공유되어 왔다. 스토리텔링에는 줄거리(plot), 캐릭터, 그리고 시점時點이 포함되어야 한다.

이제는 콘텐츠의 이미지와 스펙, 가격만을 홍보하는 광고는 더 이상 고객에게 어필할 수 없다. 콘텐츠 상품에 이야기를 입혀서 소비자의 관심을 끌고 더 오래, 더 잘 기억할 수 있도록 하는 것이 스토리텔링으로 최근 중요한 마케팅 전략으로 각광받고 있다.

스토리텔링의 역할은 첫째, 고객과의 전략적 커뮤니케이션을 위해서 그리고 둘째, 기업과 상품의 차별화된 콘셉트 전달하기 위함이다.

스토리텔링 전략은 보통 3단계로 시행된다.

1단계는 콘텐츠와 브랜드의 일관된 스토리를 만들고, 2단계로 모든 매체를 활용하여 고객에게 인식시키며, 3단계로 자연스럽게 비즈니스의 도구로 스토리텔링을 활용하는 것이다.

스토리텔링 4요소

스토리텔링은 다음의 4가지 요소로 이루어진다.

1. 메시지

스토리텔링은 명확한 메시지로부터 출발해야 한다. 메시지는 콘텐츠를 통해 특별한 경험을 할 수 있도록 유도하고 설득하기 위한 커뮤니케이션 전략이다. 그래서 스토리텔링에는 무엇을 전할 것인지가 포인트로 분명한 메시지가 필요하다. 예를 들어 미키 마우스와 친구들의 메시지는 '우정'이다.

이처럼 콘텐츠에는 분명한 메시지, 즉 콘셉트를 명확하게 설정하고 지속적으로 이야기를 이어가야 성공할 수 있다. 그리고 이를 통해 다른 콘텐츠와 확실한 차별화를 거둘 수 있다.

2. 갈등

갈등은 콘텐츠의 매력을 만들어 준다. 콘텐츠의 역동성은 고난과 역경을 극복하고 목표를 달성하는 도전 과정, 즉 갈등 속에서 발견할 수 있다. 드라마나 영화에서 악역이 있어야 주인공이 더욱 빛나는 것처럼 갈등이 분명하고 클수록 매력적인 콘텐츠가 만들어진다. 스토리에 갈등이 없다면 그 스토리는 흥미를 끌지 못할 것이다. 갈등을 이겨내고 극복하는 과정 속에서 진정으로 소중한 가치를 만들어 낼 수 있다. 미키마우스에서도 친구들과 사이좋게만 지낸다면 재미가 있을까? 서로 오해하고, 싸우고, 화내고, 갈등하면서도 우정을 더욱 견고히 만들어 가는 과정 속에서 오히려 자연스럽게 메시지를 전할 수 있다. 즉 단순히 착하고 아름다운 이미지가 아닌, 대립과 갈등이란 측면을 통해 콘텐츠를 강화해 나가는 것이 스토리텔링의 매력을 높이는 것이다.

3. 등장인물

등장인물은 갈등을 통해 메시지를 전달하는 객체들이다. 스토리를 한 사람만의 이야기로 만들기에는 재미 요소가 많이 떨어진다. 그래서 재미 있게 스토리를 이끌어 가기 위해서는 이야기를 전개할 등장인물(캐릭터)이 반드시 필요하다. 특히 등장인물 중 주인공의 역할이 매우 중요하다. 주인공을 통해 말하고자 하는 메시지를 직간접적으로 드러낼 수 있기 때문이다. 주인공을 통해 주장하고, 중재하고, 협력하는 등 스토리의 주제를 분명히 드러내기 위해 등장인물들과 함께 조화롭게 설정되어야 한다.

4. 플롯Plot

플롯은 스토리의 원활한 흐름, 즉 이야기를 형성하는 줄거리이다. 일반적으로 스토리 흐름은 '도입-전개-절정-결말'의 형식으로 이루어진다. 플롯, 즉 줄거리는 이러한 전개를 바탕으로 사람들에게 콘텐츠를 보다 극적으로 다가갈 수 있게 만든다. 콘텐츠에 널리 알려진 이야기(설화, 동화, 소설 등)를 풍자하거나 비유하는 것도 스토리의 새로운 흐름을 만드는 방법이 될 수 있다.

스토리텔링을 넘어 스토리두잉으로

스토리텔링은 지속적인 생명력을 갖기 위한 필수요소다. 이러한 스토리텔링이 시대의 변화에 맞추어 스토리두잉Storydonig으로 진화되고 있다. 소비자가 실행 과정에 직접 참여하면서 호감이 높아지는 효과를 기대하기 위함이다. 그래서 유명인을 모델로 쓰던 광고에서 최근에는 일반인을 활용한 다양한 채널의 광고가 만들어지고 있다. 즉 소비자가 직접 참여하는 스토리두잉이 스토리텔링보다 더욱 강력한 영향력을 미치고 있다.

기업은 이야깃거리를 만들고 이야기는 소비자가 하게 만드는 것, 공감하게 하는 것이 스토리두잉이다. 이러한 스토리두잉도 시대의 변화에 맞추어 이야기의 소재를 다양하게 활용해야 한다.

지금은 차별화된 스토리로 콘텐츠를 기획해야 성공하는 로컬만의 스토리 시대에 살고 있다. 수많은 스토리가 우리 주위에 있지만 우리가 기억하고 다른 사람들에게 전하는 메시지는 많지 않다.

많은 스토리가 만들어지지만 왜 기억되고 전해지는 스토리는 적을까? 이유가 많이 있겠지만 가장 중요한 것은 다른 스토리와 차별화가 되지 않기 때문이다. 차별화된 스토리를 만들려면 제일 먼저 틀을 벗어나야 한다. 즉 지역의 입장이 아닌 고객의 측면에서 만족하고, 공감할 스토리를 만들어야 한다.

코이(Koi)라는 관상용 잉어가 있다. 치어稚魚였을 때 작은 어항에 넣어 두면 5~8cm밖에 자라지 못하지만 연못에서 기르면 25cm 정도 자라고, 강에서 클 경우 120cm까지도 성장하게 된다고 한다. 환경에 따라 크기를 달리하는 코이처럼 콘텐츠의 틀을 지역을 넘어 로컬 내의 무수한 콘텐츠로 확장해야 더 큰 스토리를 만들 수 있다.

고객의 세계는 색연필처럼 다양해지고 있다. 다채로운 컬러의 색연필로 고객이 원하는 것을 채워주기 위해 현재의 틀을 뛰어 넘어 차별화된 스토리로 성공하는 로컬 콘텐츠를 기획해야 할 것이다.

PART 6

매력적인
로컬 콘텐츠 만들기

우리 지역만의 매력적인 스토리텔링 만들기

우리 지역만의 매력적인 스토리텔링을 만들기 위해서는 어떻게 해야 할까?

앞에서 살펴본 것처럼 지역을 대표하는 유무형 문화자산, 캐릭터에 지역의 이야기를 입혀 매력적인 스토리텔링을 만드는 것이다.

예를 들어 지역 내 문화, 경관자원을 활용한 참여형 관광 프로그램을 만들 수 있다. 즉 각 지역마다 문화자원, 유명인물 등의 이름을 붙인 길이 있는데, 이를 문화관광해설사와 함께 이야기를 들으며 도보여행을 하는 투어 프로그램을 만드는 것이다.

등산/트레킹코스가 여러 개 있는 것처럼 도보 투어도 3~4개의 코스(문화재, 인물, 특산물 등의 이름을 활용)로 만들고 코스당 소요시간을 1~2시간 이내로 하고 최소 5명 이상 15명 이내의 참가자들로 구성하며 비용은 무료로 한다. 코스 홍보를 위해 지역축제를 활용하면 더욱 효과적이다.

축제와 연계하여 매력적인 스토리텔링을 살린 참여형 코스 개발 사례로 경상남도 의령의 '리치리치 페스티벌 리치 A, B코스'를 소개하겠다.

의령 '리치리치 페스티벌'은 2022년 처음 개최된 의령 가을 축제로 지역 내에 있는 솥바위에 얽힌 부자 기운을 테마로 하는 행사이다. 의령 관문에는 남강이 흐르고 있고, 이 남강에 솥을 닮은 바위가 하나 있다. 이를 솥바위라 한다. 예로부터 솥바위를 중심으로 반경 8킬로미터 안에 부귀가 끊이지 않는다는 전설이 있다. 실제 삼성그룹과 엘지그룹, 효성그룹 창시자가 솥바위에서 8킬로미터 이내의 지역에서 태어나 전설이 현실이 되었다.

의령에는 삼성그룹 창업주인 호암 이병철 생가와 기부왕으로 알려진 삼영화학 관정 이종환 생가가 있다. 이처럼 의령에는 부자 기운으로 가득하다. 이 좋은 기운을 관광객들과 함께 하고자 솥바위의 부자 기운을 테마로 하는 의령 리치리치 페스티벌로 발전시킨 것이다.

의령은 이러한 매력적인 이야기가 담긴 지역 자원인 '솥바위'를 중심으로 축제와 투어코스를 개발하여 행사기간 중 17만 명이나 방문하는 성공적인 결과를 거두었다.

(출처 : 의령 리치리치 페스티벌 홈페이지)

지금은 지역 스토리를 활용한 지역 재생의 시대이다. 〈삼시세끼〉, 〈콩콩팥팥〉에서 〈우도주막〉, 〈윤스테이〉까지 지역의 특색을 살린 투어콘텐츠가 방송으로 만들어지고 유튜버들이 1인 미디어로 다양한 로컬 미디어의 역할을 하고 있다.

우리 지역만의 스토리를 통해 차별화된 브랜딩을 하기 위한 4가지 방법이 있다.

1. 지역 인물 활용

지역별로 역사, 문화, 예술 등과 관련된 인물들이 있으므로 이와 연계하여 스토리텔링을 전개하는 것이다. 사례로 일본 요괴만화의 거장 미즈키 시게루를 관광상품화 한 것이다. 인구 37,000명의 소도시 사카이 미타토시(돗토리현)는 원작 만화를 기반으로 전철 및 역내에 만화 랩핑, 거리에 다양한 조형물과 캐릭터를 활용하여 마을을 안내하고, 상품 및 연극 공연 등 인물을 활용하여 지역관광을 활성화시켰다.

사카이 미나토시의 미즈키 시게루 기념 (출처 : TOTTRIP)

대구의 김광석길도 같은 사례이다. 쇠락하던 시장 골목길(350m)을 살리고자 마을기업, 협동조합을 통해 공방, 창작실, 갤러리 등을 운영하여 연

김광석길, 출처 : 대구광역시 중구 도시재생지원센터

간 100만 명이 찾는 관광명소로 만들었다. 특별한 건축물이나 행사 없이 지역의 특색을 살린 콘텐츠를 보강하여 지자체들이 주목하는 성공사례가 된 것이다.

2. 지역의 유휴공간을 콘텐츠로 변화를 유도

사례로 통영 폐조선소가 있다. 도시재생사업을 통해 이곳을 문화, 관광 허브로 만들기 위해 통영의 공예, 예술 등 전통적 12공방을 모티브로 교육프로그램(음악, 요리, 장인 공방 등)을 통해 전통을 새롭게 살리기 위한 지역주민 및 관광고객을 대상으로 평생교육을 운영하고 있다. 지역의 낡은 창고, 폐공장 등에 카페, 베이커리샵으로 변신, 다양한 콘텐츠를 제작하고 체험하는 장소로 많은 지역에서 유휴공간의 재생이 이루어지고 있다.

이밖에도 지역 내의 오래되어 사용하지 않는 공장, 창고, 목욕탕 등의 유휴시설에 다양한 문화예술 콘텐츠와 공간을 결합하여 매력적인 장소로 만들고 있는 사례도 많다.

폐공장인 조양방직을 카페로 만든 사례 (출처 : 한국관광공사)

3. 지역 캐릭터 활용

지역마다 특산물, 상징물을 캐릭터화 하여 다양한 마케팅을 시행하며 지역에 사람들이 찾아오게 하는 촉매제로 활용되고 있다. 가장 유명한 사례로 쿠마모토현의 영업부장 겸 행복부장 역할을 하는 캐릭터인 '쿠마몬 くまモン'이 있다. 쿠마몬은 곰을 뜻하는 구마와 사람을 뜻하는 몬을 합쳐 새로운 단어로 만든 '곰 사람'이란 뜻이다. 규슈 신칸센 종착역이 구마모토가 아닌 가고시마로 정해지게 되면서 위기의식을 느낀 구마모토현이 지역 홍보 프로젝트인 '구마모토 서프라이즈'의 일환으로 만들어진 캐릭터이다.

쿠마몬은 무한변신 캐릭터로 유명하다. 지역경제를 살리고 주민의 행복을 최대화하기 위해 아침부터 캐릭터 그림이 그려진 지하철을 타고 출근하고 자전거로 지역 거리를 돌아다니며, 점심에는 자신의 모습이 인쇄된 지역 특산물을 먹는다. 지사와 같은 스케줄로 회의에도 참석하여 사령장도 수여하고 시구식도 한다. 명함도 있어 연 10만 장 정도나 사용하였으며, 페이스북 팔로워가 18만 명이나 된다. 이모티콘부터 굿즈, 우표, 카드, 음악제, 마라톤 등 다양한 활동을 하고 있으며 외국에 나가 홍보대사로도 활약하고 있다. 다른 유명 캐릭터와 콜라보도 하며 2017년 기준으로 상품매출 1조 4천억 원을 돌파했다. 쿠마몬의 일상생활과 공식일정은 트위터나 공식홈페이 등을 통해 공개하며 유튜브를 중심으로 다양한 모습을 보여주고 있다.

쿠마몬은 지역 캐릭터를 넘어 글로벌한 캐릭터로 성공한 사례이다. 기관장의 이해와 지원 하에 쿠마몬만의 매력(표정, 움직임 등)을 알리는 데 소셜 미디어를 적극적으로 활용한 것이 성공 포인트이다.

쿠마모토현 영업부장 쿠마몬 (출처 : くまモンオフィシャル)

이밖에도 일본의 대표 캐릭터 중의 하나인 슈퍼마리오는 '마리오카트' 라는 재미있는 체험 프로그램으로 슈퍼마리오 캐릭터 복장을 입고 도쿄 시내를 직접 운전하며 다닐 수 있는 캐릭터 스토리 콘텐츠를 만들었다.

도쿄 마리오카트 (출처 : TRIP TO JAPAN)

온천으로 유명한 도시인 벳푸에서도 새로운 액티비티로서 전기자동차 시대 트렌드에 맞춰 '유노쿠니 크루저'라는 2인승 미니지프차를 운영한다. '유노쿠니 크루저'는 내비게이션에도 나오지 않는 좁은 길을 달리고 온천, 점심식사, 샘물 커피, 계단식 논의 전망, 벳푸 명물 지옥찜 체험 등 10가지 코스를 즐길 수 있다.

벳푸 유노쿠니 크루저 EV (출처 : beppu-tourism.com)

일본의 레스토랑 버스 WILLER는 지역 관광과 식문화를 결합한 이동형 다이닝 서비스로, 로컬 활성화에 기여하고 있다. 이 버스는 지역 특산물을 활용한 고급 요리를 제공하며, 이동 중 지역의 아름다운 풍경을 감상할 수 있도록 설계되어 관광객들에게 특별한 경험을 선사한다.

이러한 서비스는 지역 농가와 식재료 생산자들에게 새로운 판로를 제공하고, 해당 지역의 음식 문화를 알리는 역할을 한다. 또한 지방 소도시나 관광지에 방문객을 유도하여 지역경제에 활력을 불어넣는다. 단순한 이동 수단을 넘어 체험형 관광 콘텐츠로 기능하면서, 지역의 특색을 살린 프리미엄 관광 상품으로 자리 잡고 있다.

레스토랑 버스 WILLER (좌 - 도쿄 디너 코스, 우 - 교토관광 오코 시 버스)

결과적으로, WILLER 레스토랑 버스는 로컬 식재료 소비 촉진, 관광객 유입 증가, 지역 브랜드 강화 등의 측면에서 지역경제 및 문화 활성화에 긍정적인 영향을 미치고 있으며, 지역 축제, 도심 인프라 등과도 연계하여 다양한 경험과 스토리를 제공하고 있다.

4. 지역의 자연환경 활용

'여수 밤바다'는 지자체를 춤추게 했던 스토리텔링으로 유명하다. 2012년 버스커 버스커의 노래 '여수 밤바다'로 더욱 유명해지면서 2011년까지 7백만 명 정도의 방문객이 찾았던 데 비해 2012년에는 1500만 명을 돌파하였다. 노래로 유명해진 여수는 장범준을 홍보대사로 4계절 콘서트가 열리는 밤바다 중심의 흥겨운 낭만도시로 자리매김 하게 된 것이다.

그런데 이와 같은 매력을 내세울 수 없는 곳이라면 어떻게 해야 할까?

농어산촌으로의 로망을 꿈꾸는 2040, MZ세대들에게 트렌드에 맞는 새로운 라이프스타일을 로컬 콘텐츠로 만들어 신선한 경험을 제안할 수 있다.

그러한 사례로 '촌캉스'가 있다. 촌캉스란 '시골 촌村'과 '바캉스(vacance)'의 합성어로 시골에서 즐기는 휴가를 의미하는 신조어다.

여수 밤바다 낭만포차 관광 콘텐츠 특화 (출처 : 여수MBC. 2024.11.20)

촌캉스는 유명 관광지로의 복잡한 여행에서 벗어나 시골 할아버지집에 놀러간 것처럼 한적한 마을에서 편안한 휴가를 보내는 것이다. 촌캉스는 코로나-19 이후 사람이 많지 않은 장소를 찾게 되고 '오도이촌'(일주일 중 주중 닷새는 도시에서, 주말 이틀은 농촌에서 사는 생활방식)이라는 트렌드에 따라 시골문화를 꿈꾸는 사람들에게 인기가 많아지고 있다. 그리고 〈삼시세끼〉, 〈언니네 산지직송〉, 〈콩콩팥팥〉 등 방송의 인기와 더불어 MZ세대에게 새로운 체험놀이로 도시생활에 지친 사람들에게 편안한 휴식문화가 되고 있다.

지자체별로 지방소멸에 대응하기 위한 여러 정책을 펼치는 가운데 촌캉스를 활용한 사례가 있다.

경남 고성군은 '시골감성, 힐링촌캉스' 사업을 추진하고 있다. 로컬 브랜딩 사업의 일환으로 고성군 지역의 방치된 빈집 등을 활용해 촌캉스를 운영하는 것은 물론, 폐교를 리모델링한 예술촌과 워케이션 사업도 함께 운영 중이다.

이러한 현상을 감안하여 우리 지역만이 가지고 있는 매력적인 콘텐츠가 없을지라도 지역의 감성과 촌캉스라는 트렌드 키워드와 결합하여 새로운 로컬문화를 기획할 수 있을 것이다.

매력적인 콘텐츠 만들기 CPND

그렇다면 매력적인 콘텐츠를 만들기 위해서는 어떻게 해야 할까? 우리 지역만의 매력적인 로컬 콘텐츠를 효과적으로 개발하고 활성화하기 위해 CPND(Content-Platform-Network-Device) 프로세스를 활용하는 방법을 이용해 보면 좋겠다. C.P.N.D(Contents Platform Network Device)는 원활한 ICT(Information and Communication Technology, 정보통신기술) 융합생태계를 만들기 위한 4가지 요소로 이를 매력적인 로컬 콘텐츠를 만드는 방법에 적용해 보도록 하겠다.

다음은 로컬문화기획을 위한 CPND 프로세스의 단계별 실행 방법이다. 이를 참고하여 지역 특성에 맞는 매력적인 콘텐츠를 만들어 보기 바란다.

콘텐츠 C (Contents) : 지역의 고유한 콘텐츠 기획 및 개발

1. 지역의 자원 조사 및 분석

- 지역의 역사, 문화, 자연, 전통, 특산물, 산업 등을 조사한다.

- 로컬 아티스트, 장인, 지역 기업, 주민 인터뷰를 통해 이야깃거리를 발굴한다.
- 기존에 활성화된 콘텐츠(축제, 행사 등)와 차별화된 요소를 찾는다.
- 사례 : 제주 돌담문화와 올레길을 활용, 스토리텔링 기반 도보여행 콘텐츠 기획

2. 콘텐츠 유형 선정 및 기획

- 체험형 : 관광객의 직접 참여 프로그램 (예 : 전통공예 체험, 로컬푸드 클래스)
- 스토리텔링 기반 : 지역 전설, 역사, 인물을 활용한 콘텐츠 (예 : 역사 탐방 코스)
- 미디어 콘텐츠 : 유튜브, SNS, VR/AR을 활용한 온라인 콘텐츠 (예 : 지역 다큐, 숏폼 영상)
- 공간 콘텐츠 : 유휴 공간을 활용한 문화공간 조성 (예 : 지역 서점, 팝업 갤러리)
- 사례 : 담양의 '죽녹원'과 대나무 공예 문화를 연계한 체험형 콘텐츠 개발(대나무 피리 만들기, 대나무 찻잔 제작 체험)

플랫폼 P [Platform] : 콘텐츠를 유통하고 홍보할 플랫폼 구축

1. 온·오프라인 홍보 전략 수립

- 온라인 홍보 : SNS(유튜브, 인스타그램, 틱톡, 블로그 등) 활용과 지역 인플

루언서 및 크리에이터와 협업하여 콘텐츠 확산하고 공식 웹사이트 및 모바일 앱 구축.

- 오프라인 홍보 : 지역 관광안내소, 숙박업체와 협력해 브로슈어 및 가이드북을 배포하고 로컬 마켓, 카페, 공방 등에서 이벤트 및 체험 쿠폰 제공, 현장 방문객 대상으로 QR코드 기반 정보도 제공.
- 사례 : 경주 황리단길에서 SNS 해시태그 캠페인을 통해 여행객들의 자발적 참여를 유도하고 지역 상점과 협업하여 할인 쿠폰 제공.

2. 티켓팅 및 예약 시스템 구축

- 온라인 예약 시스템을 도입하여 관광객이 사전예약이 가능하도록 구성.
- 방문객 데이터 분석을 통해 맞춤형 추천 서비스 제공.
- 모바일 결제 및 e-티켓 시스템 적용.
- 사례 : 강릉 '바우길' 홈페이지에서 가이드투어 예약과 함께 코스별 상세 정보를 제공하여 관광객 편의성 제고.

네트워크 N (Network) : 지역 내 협력 네트워크 구축

1. 지역 커뮤니티 및 기관과의 협업

- 지자체, 지역 상인회, 예술가, 청년 창업가 등과 협업 네트워크 구축.
- 지역 농산물, 공예품, 전통시장과 연계하여 로컬 브랜드 강화.
- 관광협회 및 정부기관의 지원금, 정책 연계.

- 사례 : 목포 '근대 역사문화 거리'를 활성화하기 위해 지역 상점, 숙박업소, 카페와 협력 '목포미식투어' 패키지 출시.

2. 기업 및 스타트업과의 협력

- IT 기업과 협력하여 스마트 관광시스템 개발 (예 : AR 투어, 가이드 앱)
- 로컬 브랜드와 협업하여 한정판 굿즈 및 체험상품 출시.
- 숙박, 교통, 문화시설과 연계한 통합 패키지 기획.
- 사례 : 부산 '흰여울마을'에서 로컬 카페 및 공방과 협력하여 '흰여울 패스'를 제작, 관광객들이 여러 매장을 방문하며 할인 혜택을 받도록 유도.

디바이스 D (Device) : 체험을 확장할 기술 및 인프라 활용

1. 스마트 기술 도입

- AR/VR 활용 : 유적지, 박물관 등에 AR 가이드 제공.
- 무인 키오스크 : 관광안내소, 주요 관광지에 키오스크 설치.
- 스마트 결제 : QR코드 결제 및 모바일 예약시스템 도입.
- 사례 : 서울 '북촌 한옥마을'에서 방문객이 스마트폰을 활용해 AR로 한옥 내부를 가상 체험할 수 있도록 서비스 제공.

2. 친환경 이동수단 도입

- 전기 자전거, 친환경 셔틀버스 운영 및 도보여행 코스에 스마트 쉼

터, 충전소 설치.

- 사례 : 제주 '우도 전기차투어'에서 관광객에게 전기차 및 전기 스쿠터를 대여하여 친환경 여행을 유도.

다음는 CPND 프로세스를 통한 로컬문화기획 사례를 정리한 도표이다.

단계	주요 실행 방법	사례
C (Contents)	지역 특색을 반영한 콘텐츠 기획 (체험형,미디어형, 공간형 등)	담양 대나무 체험, 제주 돌담길 도보 여행
P (Platform)	온라인 & 오프라인 홍보, 예약 시스템 도입	경주 황리단길 SNS 캠페인, 강릉 바우길 예약 시스템
N (Network)	지역 상인, 예술가, 기업과 협력	목포 미식투어 패키지, 부산 흰여울 패스
D (Device)	스마트 관광 시스템, 친환경 이동 수단 도입	서울 북촌 AR 가이드, 제주 우도 전기차 투어

이처럼 지속 가능한 로컬문화기획을 위해서는 CPND 전략이 필요하다.

CPND 프로세스를 효과적으로 활용하면 단순한 관광상품이 아닌 지속 가능한 로컬문화 브랜드를 구축할 수 있다.

이 과정에서 중요한 점은 첫째, 지역 고유의 정체성을 반영한 콘텐츠를 개발하고 둘째, 이를 효과적으로 홍보 및 유통할 플랫폼을 마련하며 셋째, 지역 커뮤니티와 협력하여 네트워크를 확장하고 넷째, 최신 기술 및 친환경 요소를 접목하여 체험을 강화하는 것이다.

이제, 우리 지역에서는 어떤 콘텐츠를 만들면 좋을지 위의 내용과 아래의 표를 참고하여 매력적인 콘텐츠를 만들어 보자.

매력적인 콘텐츠 만들기 CPND

로컬 만의 콘텐츠
(지역 + 전통문화 + 현대적 로컬 + 글로벌 시각 고려)

통합 플렛폼 구축
(역사, 문화, 관광, 음식, 등)

시내외 네트워크 연결

스마트한 온오프 시스템 바탕
(SNS, 인재양성 교육, 시민참여)

로컬을 기획하라

지은이　노동형

발행일　2025년 3월 27일

펴낸이　양근모

펴낸곳　도서출판 청년정신

출판등록　1997년 12월 26일 제 10-1531호

주　소　경기도 파주시 경의로 1068, 602호

전　화　031) 957-1313 팩스　031) 624-6928

이메일　pricker@empas.com

ISBN　978-89-5861-249-0 (13320)